쉽게 배우는

블록체인의 미래

민문희·최재용·정주필·강진교 저

DIGITAL BOOKS
디지털북스

쉽게 배우는
블록체인의 미래

| 만든 사람들 |
기획 IT·CG기획부 **| 진행** 박예지 **| 집필** 민문희·최재용·정주필·강진교 **|**
편집·표지디자인 D.J.I books design studio 김진

| 책 내용 문의 |
도서 내용에 대해 궁금한 사항이 있으시면
저자의 홈페이지나 디지털북스 홈페이지의 게시판을 통해서 해결하실 수 있습니다.
디지털북스 홈페이지 www.digitalbooks.co.kr
디지털북스 페이스북 www.facebook.com/ithinkbook
디지털북스 카페 cafe.naver.com/digitalbooks1999
디지털북스 이메일 digital@digitalbooks.co.kr
저자 이메일 ssadyo2@naver.com / mdkorea@naver.com /
                thepazzikang@naver.com / globaltrans@hanmail.net

| 각종 문의 |
영업관련 hi@digitalbooks.co.kr
기획관련 digital@digitalbooks.co.kr
전화번호 (02) 447-3157~8

프롤로그

소프트웨어 정책연구소(SPRi)는 2019년 SW분야 핫이슈로 인공지능, 빅데이터, 블록체인, 사물인터넷(IoT), 클라우드, 실감형SW 등 6개 분야를 선정했다.

첫 번째 핫이슈로 선정된 인공지능은 크게 인공지능 산업의 경쟁력과 자율주행차로 압축된다. 자율주행차는 현재 레벨 3단계의 기술 수준까지 접근해있다.

두 번째 핫이슈는 빅데이터, 빅데이터는 크게 의료 빅데이터와 일자리 창출이 관심사다. 의료 정보의 디지털 전환이 가속화되면서 데이터를 통합, 공유하는 의료 빅데이터 구축이 활성화될 것으로 보인다.

세 번째는 사물인터넷, 사물인터넷은 스마트홈과 스마트팩토리에 관심이 쏠렸다. 스마트홈은 연결가능 사물인터넷 기기가 얼마나 되느냐가 서비스 경쟁력을 작용한다. 스마트팩토리는 물품 조달, 제조, 포장, 운송 과정에서 존재하는 모든 객체가 사물인터넷으로 연결, 데이터의 수집과 분석이 자동화될 수 있도록 각각의 객체에 지능이 부여된 공장을 말한다.

네 번째가 바로 블록체인이다. 블록체인은 금융보안과 암호화폐공개(ICO)로 압축된다. 금융보안은 블록체인을 통한 손쉬운 인증으로 타 은행과 증권사의 금융거래가 가능한 점부터 국가 간의 결재 및 송금, 주식 거래, 펀드 모집, 담보 관리, 파생상품, 자산 보호 등 프로세스 자동화와 검증의 속도 향상 및 보안 강화 등 각종 이점을 누릴 수 있다.

전 세계 금융권은 오는 2030년까지 블록체인 도입 효과로 270억 달러(약30조4425억 원)의 절감이 가능할 것으로 보고 있다.

ICO는 현재 정부 당국의 부정적 시선이 여전하지만 글로벌 시장의 추세와 블록체인 기술의 효과적 구현을 위해 장기적인 관점에서 양성화가 이루어질 것이라는 예상이다.

다섯 번째는 클라우드다. 클라우드는 데이터센터와 콘텐츠에 이목이 집중되었다. 콘텐츠는 트래픽의 폭발적 증가 추세에 따라 클라우드의 역할이 더욱 높아질 것이라는 예측이다.

마지막 핫 이슈는 실감형SW가 선정되었다. 실감형SW는 VR(가상현실)테마파크와 AR(증강현실), 홀로그램이 키워드로 꼽혔다. 이와 같이 블록체인 이야말로 4차 산업혁명 시대의 밥, 4차 산업혁명 시대의 먹거리라고 말하고 싶다. 블록체인은 4차 산업혁명 시대에 핵심적 역할을 수행할 것이다. 또한, 거의 모든 분야에서 혁명적 변화를 가져올 것이며 각종 비용의 절감과 유용한 특성들로 지금과는 다른 세계를 우리에게 가져다 줄 것이다.

자원도 없고 땅덩어리도 작은 나라,
우리가 가진 것은 인적자원이라고 하지 않던가? 인적자원으로 할 수 있는 것이 인공지능과 블록체인이 아닌가 생각한다. 그 중에서도 블록체인은 금융, 유통, 소매, 각종 거래, 서비스산업 등등 활용되어질 분야가 너무도 많다. 또한 블록체인과 핀테크의 연계로 새로운 이용법이 개발되어 활용되고 있는데 블록체인은 익명의 누군가가 우리에게 가져다 준 선물이 아닐까 하는 생각마저 든다. 위기가 기회가 되는 촉매제가 되어주길 바래본다.

2016년 비트코인이 투기로 번졌을 때, 정말 큰 일이 나는 줄 알았지만 그로인해서 '코인과 블록체인에 대한 관심과 지식이 전 국민적으로 확산된 시기가 아니였나'하는 생각이 든다. 이러한 이유 덕분에 아직도 블록체인을 코인으로 이해하고 부정적으로 생각하는 이들이 많지만, 이를 잘 선용하여 블록체인 강국으로 특화되기를 바란다.

블록체인 기술은 기존 산업의 기대 효용을 높여 주고 다양한 시도를 가능한 일들로 만들어 줄 것이다. 또한, 블록체인은 높은 보안성을 가지고 투명성을 나타낸다. 이 본질을 명확히 이해하고 공정한 미래를 위해 함께 노력하면 다양한 정치적, 경제적, 사회적 문제들도 하나하나 풀어갈 수 있지 않을까 하는 생각이 든다.

이 책은 블록체인의 개념부터 발전과정과 블록체인으로부터 발전될 산업들, 그리고 블록체인의 기대효과, 보안해 나가야할 점들, 마지막으로 블록체인의 비즈니스 모델로 구성해보았다.

이 책을 통해서 넓은 안목으로 블록체인의 본질과 향후 전망에 대해서 함께 고민해보고자 한다.

필자는 블록체인의 개념과 발전과정에 대한 내용을 서술하고 해결해 나가야할 문제점을 이해하기 쉽게 풀어보고자 하는 마음으로 이 책을 집필했다. 블록체인이 생소하고 어려울 수 있는 분들에게도 조금 더 쉽게 다가갈 수 있고 도움이 되는 책이 되기를 바란다.

CONTENTS

프롤로그 · 3

제 1장.

블록체인 개요

1. 블록체인의 태동 · 13

2. 블록체인이란 무엇인가? · 15

3. 블록체인의 발전 과정 · 19

   3.1 블록체인의 기본 용어 정리 · 19

   3.2 블록체인 1.0 · 26

   3.3 블록체인 2.0 · 28

   3.4 블록체인 3.0 · 32

   3.5 블록체인의 분류 · 43

4. 블록체인의 가능성과 과제 · 47

   4.1 블록체인으로 할 수 있는 것들 · 47

   4.2 안정성과 보안의 제고 · 47

   4.3 중개 산업의 효율화 · 48

   4.4 제조업의 부활 · 48

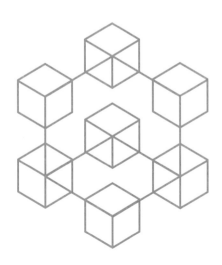

제 2장. IT 줄기세포 블록체인

1. 제 2의 인터넷 블록체인 SNS혁명 · 53

2. 뻥 뚫린 SNS 보안 이대로 괜찮은가 · 63

    2.1 SNS(소셜 네트워크 서비스) 해킹으로 인한 피해사례 · 63

    2.2 블록체인 기술로 여권 없는 시대 · 72

3. 새로운 패러다임 뉴미디어 탄생 · 73

    3.1 블록체인 새로운 저널리즘 · 73

    3.2 저널리즘 왜 블록체인인가? · 79

4. 블록체인 미디어 스타트업 · 81

    4.1 스타트업의 의미 그 출현 배경 · 81

    4.2 블록체인 소셜 미디어 사례 스팀잇 · 87

    4.3 블록체인 기술을 이용한 스마트시티 조성 · 89

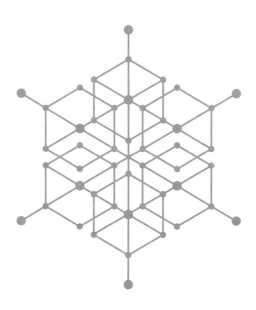

제3장. 블록체인이 가져올 미래변화 예측

1. 블록체인으로 변화될 세상 · 97

　　1.1 스마트 계약 · 97

　　1.2. 투표 · 99

　　1.3 은행 · 103

　　1.4 보험 · 104

　　1.5 콘텐츠 · 104

　　1.6 부동산 · 104

　　1.7 중고차 · 105

　　1.8 의료 · 106

　　1.9 유통 · 109

　　1.10 미래직업 · 110

2. 4차 산업 혁명의 핵심, 블록체인과 연결될 기술은 무엇일까?· 113

　　2.1 가상현실(Virtual Reality) · 114

　　2.2 증강현실(Augmented Reality) · 114

　　2.3 빅 데이터(Big Data) · 115

　　2.4 사물 인터넷(Internet of Thing IoT) · 117

　　2.5 자율 주행차(self-driving car) · 117

　　2.6 인공 지능(Artificial Intelligence AI) · 119

　　2.7 온라인 기반 오프라인 서비스(On-line To Off-line O2O) · 120

　　2.8 핀테크(Financial Technology Fin Tech) · 121

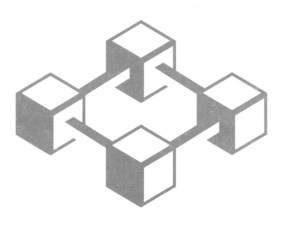

제 4장.   # 암호화폐 실전 재태크

1. 코인 가치투자 · 129

1.1 비트코인 · 130

1.2 이더리움 · 132

1.3 이오스 · 133

1.4 리플 · 134

2. 소박한 트레이딩 · 137

2.1 차트의 의미 · 137

2.2 캔들차트 · 138

2.3 캔들차트 사례 · 139

2.4 거래량 · 140

2.5 이동평균선 · 141

2.6 지표 분석 활용 · 142

2.7 포트폴리오 수립방법 · 146

2.8 포트폴리오 구성하기 · 147

3. 채굴 · 152

3.1 Mib 코인 · 152

3.2 마인월드 · 153

4. ICO투자 · 155

4.1 ICO의 이해 및 투자방법 · 156

4.2 ICO 절차 및 용어정리 · 157

4.3 ICO 투자에 성공하려면 · 159

4.4 ICO투자방법 · 160

4.5 사기성(스캠) ICO 확인방법 · 161

4.6 ICO 대안으로 IEO가 대세 · 165

4.7 STO 증권형 토큰 공개(Security Token Offering) · 166

제 5장.   # 블록체인 미래를 읽는 기술

에필로그 · 177

제 1장.

블록체인
개요

블록체인의 태동

지난 2000년도 초반, IT 버블의 붕괴, 9.11테러, 이라크 전쟁 등으로 미국의 경기가 악화되자 미국 연방 준비제도는 양적 완화의 일환으로 초저금리 정책을 펼쳤다. 이 정책의 효과로 부동산 경기가 활성화되고 주택 가격이 상승했다. 그런데 주택담보대출인 서브프라임 모기지론의 이자보다 주택 가격이 더 빨리 상승하게 되자, 고객들이 돈을 갚지 못해도 담보물의 가격이 상승하므로 금융회사가 손해를 보지 않는 구조가 만들어졌다. 은행들은 이러한 것을 알면서도 거래량을 계속 늘려갔다. 대출자들 역시 은행이자를 감당하기 힘들어지면 집을 팔아서 갚으면 그만이라는 생각이였기 때문에 이러한 방식으로 은행에서 돈을 빌려 집을 사는 일이 어렵지 않았다. 하지만 2004년 미국이 저금리 정책을 종료하고 부동산의 거품이 사라지기 시작하면서 문제가 나타나기 시작했다. 서브프라임 모기지론의 금리가 올라갔고 집값은 더 이상 오르지 않았다. 저소득층 대출자들은 원리금을 제대로 갚지 못했고 집은 팔리지 않는 상황이 되자 은행들은 대출금을 회수할 수 없게 되고 그러한 손실로 인해서 파산하게 되었다.

미국 정부는 공식적으로 개입하지 않았고 금융사와 증권회사에까지 영향을 미쳐 줄줄이 파산하게 되었다. 미국의 금융 위기는 전 세계로 퍼져나갔고 세계 금융위기까지 초래하게 되었다. 이때 미국 정부는 양적완화, 즉 초저금리 상태를 유지하고 국채나 다양한 금융자산을 사들여서 시중에 돈을 푸는 것을 통해서 지난 2009년부터 경제성장률이 플러스로 돌아섰고 실업률이 하락하는 등 경기 부양 효과가 나타나자 2014년 양적 완화 정책의 종료를 선언했다.

양적완화 정책을 취하게 되면 돈의 가치는 하락하게 되는데, 이 시기에 가치가 하락하지 않는 화폐에 대한 시대의 요청이 꿈틀대기 시작한 것이다.

정부로부터 독립된,

금융기관의 개입도 필요 없는,

모든 권력이 분산된,

누구나 편리하게 사용할 수 있는 화폐 시스템을 꿈꾸게 된 것이다.

사토시 나카모토가 '블록체인' 기술을 바탕으로 한 '비트코인'을 실현한 동기라고 할 수 있다. 2009년 세계 최초의 암호화폐인 비트코인을 개발했다. 본인은 1975년생의 일본인이라고 밝혔지만 이는 거짓임이 기정사실로 여겨지고 있다. '그는 왜 익명으로 논문을 발표했을까?' 그에 관해선 여러 가지 추측들이 난무하다.

현재까지도 그는 정체가 확인되지 않은 인물이다. 사토시 나카모토는 한 사람이 아닌 여러 명으로 구성된 집단일 가능성도 있다.

미국 서브프라임 모기지 사태의 여파

블록체인이란 무엇인가?

상상해보자. 은행을 거치지 않아도 전 세계 누구에게나 돈을 직접 전할 수 있다면 어떨까? 환전과 송금에 드는 수수료를 아낄 수 있을 것이다.

서버가 필요 없는 클라우드 저장소가 있다면 어떨까? 해커가 공격할 거점이 없어지니 데이터를 더 안전하게 보관할 수 있다.

관리자가 필요 없는 인터넷 주소 시스템은 어떤가? 인터넷 주소를 둘러싸고 핏대 높여 싸울 필요가 없어진다.

사실 앞서 말한 사례 3가지는 상상이 아니다. 모두 이미 기술적으로 구현되어 있다.

이 모든 일을 가능케 한 핵심 기술이 '블록체인(Block Chain)'이다.

블록체인은 비트코인에 관해 얘기할 때 가장 많이 언급된다. 맨 처음 예로 든 '은행 없는 글로벌 금융 시스템'이 바로 비트코인이다.

가상화폐 비트코인은 세상에 나타나서 시가총액으로 세계 100대 화폐 안에 들어갈 정도로 성장했다. 이 비트코인이 세상에 나올 수 있던 이유도 블록체인 덕분이다.

2008년 10월 31일 저녁, 사토시 나카모토라는 사람이 암호화 기술 커뮤니티 메인(Gmane)에 '비트코인:P2P 전자화폐 시스템'이라는 논문을 올렸다. 이 논문에서 사토시 나카모토는 비트코인을 "전적으로 거래 당사자 사이에서만 오가는 전자화폐"라고 소개하고 "P2P(Peer-to-Peer) 네트워크를 이용해 이중 지불을 막는다"라고 설명했다. 그리곤 약 두 달 뒤인 2009년 1월 3일, 사토시는 논문으로 설명했던 기술을 비트코인이라는 가상화폐로 직접 구현해 보여줬다.

Bitcoin: A Peer-to-Peer Electronic Cash System

Satoshi Nakamoto
satoshin@gmx.com
www.bitcoin.org

Abstract. A purely peer-to-peer version of electronic cash would allow online payments to be sent directly from one party to another without going through a financial institution. Digital signatures provide part of the solution, but the main benefits are lost if a trusted third party is still required to prevent double-spending. We propose a solution to the double-spending problem using a peer-to-peer network. The network timestamps transactions by hashing them into an ongoing chain of hash-based proof-of-work, forming a record that cannot be changed without redoing the proof-of-work. The longest chain not only serves as proof of the sequence of events witnessed, but proof that it came from the largest pool of CPU power. As long as a majority of CPU power is controlled by nodes that are not cooperating to attack the network, they'll generate the longest chain and outpace attackers. The network itself requires minimal structure. Messages are broadcast on a best effort basis, and nodes can leave and rejoin the network at will, accepting the longest proof-of-work chain as proof of what happened while they were gone.

1. Introduction

Commerce on the Internet has come to rely almost exclusively on financial institutions serving as trusted third parties to process electronic payments. While the system works well enough for most transactions, it still suffers from the inherent weaknesses of the trust based model. Completely non-reversible transactions are not really possible, since financial institutions cannot avoid mediating disputes. The cost of mediation increases transaction costs, limiting the minimum practical transaction size and cutting off the possibility for small casual transactions, and there is a broader cost in the loss of ability to make non-reversible payments for non-reversible services. With the possibility of reversal, the need for trust spreads. Merchants must be wary of their customers, hassling them for more information than they would otherwise need. A certain percentage of fraud is accepted as unavoidable. These costs and payment uncertainties can be avoided in person by using physical currency, but no mechanism exists to make payments over a communications channel without a trusted party.

What is needed is an electronic payment system based on cryptographic proof instead of trust, allowing any two willing parties to transact directly with each other without the need for a trusted third party. Transactions that are computationally impractical to reverse would protect sellers from fraud, and routine escrow mechanisms could easily be implemented to protect buyers. In this paper, we propose a solution to the double-spending problem using a peer-to-peer distributed timestamp server to generate computational proof of the chronological order of transactions. The system is secure as long as honest nodes collectively control more CPU power than any cooperating group of attacker nodes.

나카모토 사토시의 논문

사토시 나카모토가 말한 'P2P 네트워크를 이용해 이중지불을 막는 기술'이 바로 블록체인이다. 이중지불이란 돈을 두 번 쓴다는 말이다.

만원짜리 지폐 한 장이 있다고 치자. 이 돈으로 만원짜리 책을 한 권 사면 내 지갑은 텅 빈다. 내게 없는 돈을 마치 있는 것처럼 꾸며댈 도리가 없다. 그런데 그 1만원이 전자화폐라면 상황은 달라진다.

전자화폐는 지폐처럼 물리적인 실체 없이 그저 컴퓨터상에 데이터로만 존재하기 때문이다. 데이터는 쉽게 복제할 수 있다. 원본과 사본에도 차이가 없다. 컴퓨터 파일을 복사하듯 돈을 복제해낼 수도 있다는 뜻이다.

무한정 복제할 수 있는 돈은 가치가 없다. 따라서 전자화폐를 돈으로 쓰려면 데이터를 함부로 고칠 수 없도록 장치를 해둬야 한다. 블록체인 안에는 이런 장치가 심겨져 있다. 이 점이 비트코인을 혁명적인 기술로 만든 가장 큰 특징이다.

블록은 비트코인 장부를 말한다. 블록은 10분마다 하나씩 만들어지는데 언제, 누가, 누구에게 얼마의 비트코인을 보냈는지를 모두 기록하고 있다. 이 블록들은 시간 순시에 따라 '해시'로 체인처럼 꿰어 있다. 이렇게 '해시'로 연결되어 있어 블록체인이라고 한다. 모든 참여자들이 블록체인은 위조나 변경이 불가능에 가깝다고 하는데 그 이유는 10분마다 하나의 암호화된 블록이 형성되어 블록 위에 쌓아 올려지기 때문이다.

과거 블록과의 연결을 '체인'으로 비유했는데, 이는 '해시'라는 일종의 암호 값으로 연결된다. 이 해시 값은 거래내역 정보가 담긴 블록의 데이터가 단 하나라도 바뀌면 해시 값 전체가 바뀌게 된다. 예를 들어 과거 거래내역을 변경하려고 한다면, 그 블록의 해시 값은 변경되고 과거 블록과 연결되어 있는 블록들 모두 변하게 되는 것이다. 또한 거래 장부를 모든 사람들이 공유하고 대조를 통해 잘못된 거래 내역을 잡아내기 때문에 10분 안에 전 세계 모든 거래자의 거래 내역을 바꾸는 것은 불가능하다. 실제로 전 세계 존재하는 슈퍼컴퓨터의 연산 능력을 다 합친다고 하더라도 해킹은 불가능하고 설령 있다고 하더라도 그 해킹으로 얻는 이득은 없을 것이다.

'해시'라는 단방향 암호화 알고리즘을 사용해 새 블록을 만들기 위한 경쟁 속에서 생성에 성공한 컴퓨터에게 보상으로 지급되는 것이 비트코인이다. 또한 블록 생성에 참여하는 것을 채굴 즉, 마이닝(Mining)이라고 하는데 암호화폐를 채굴하려면 직접 채굴기를 설치하여 채굴하거나 전문 채굴대행업체에 위탁하는 방법이 있다.

사토시의 논문에는 블록체인이라는 용어가 없다. 블록체인(Brock-Chain)은 '블록들이 체인처럼 연결되어 있다' 해서 붙여진 명칭인데, 사토시가 "chain of hash based proof-of-work"라고 표현한 것을 간단하게 블록체인이라 명명한 것이다. 즉, '해시암호

기반의 작업증명'이 블록인 셈이다. 이렇게 비트코인과 블록체인은 다른 차원의 개념이다. 비트코인은 시스템의 명칭이고, 블록체인은 그 시스템을 설계한 알고리즘이다. 비트코인은 코드라도 볼 수 있는데 블록체인은 눈에 보이지도 않는다. 즉, 비트코인과 블록체인은 처음에 한 몸으로 붙어서 태어났는데 비트코인이라는 DAO의 설계자였던 셈이다. 그러다가 분리되기 시작한다.

비트코인의 소스코드는 오픈되어 누구나 공짜로 다운로드해서 실행할 수 있고 마음대로 응용과 변형이 가능하다. 금융뿐 아니라 온라인 거래를 가능하게 하는 새로운 틀을 개발할 수도 있다. 비트코인이 성공을 거두고 난 뒤 블록체인 기반의 유사 암호화폐들이 쏟아져 나왔고 이들을 '알트코인'이라고 통칭한다.

블록체인의 발전 과정

3.1 블록체인의 기본 용어 정리

블록(block) : 데이터를 저장하는 단위로, 바디(Body)와 헤더(Header)로 구분된다.

바디에는 거래 내용이, 헤더에는 머클해시(머클루트)나 논스(Nounce : 암호화와 관련되는 임의의 수)등의 암호코드가 담겨 있다. 블록은 약 10분을 주기로 생성되며, 거래 기록을 끌어 모아 브록을 만들어 신뢰성을 검증하면서 이전 블록에 연결하여 블록체인 형태가 된다.

블록체인(Blockchain) : 블록에 데이터를 담아 체인 형태로 연결, 수많은 컴퓨터에 동시에 이를 복제해 저장하는 분산형 데이터 저장 기술이다. 공공 거래 장부라고도 부른다. 중앙 집중형 서버에 거래 기록을 보관하지 않고 거래에 참여하는 모든 사용자에게 거래 내역을 보내 주며, 거래 때마다 모든 거래 참여자들이 정보를 공유하고 이를 대조해 위조나 변조를 할 수 없도록 되어 있다.

분산원장 : 분산된 P2P(Peer-to-Peer)망 내 참여자들이 모든 거래 목록을 지속적으로 갱신하는 디지털원장으로 중앙 관리자나 중앙 데이터 저장소가 없으며 P2P망 내 모든 참여자(Peer)가 거래 장부를 서로 공유하여 감시 관리하기 때문의 장부의 위변조가 불가하다.

해시(Hash) : 해시(Hash)는 하나의 문자열을, 이를 상징하는 더 짧은 길이의 값이나 키로 변환하는 것이다.

해시는 암호화는 다른 개념인데, 암호가 정보를 숨기기 위한 것이라면 해시는 정보의 위변조를 확인하기 위한(즉 정보의 무결성을 확인하기 위한) 방법이다.

대칭 및 비대칭 암호화 기법과 함께 해시를 사용함으로써 전자서명, 전자봉투, 전자화폐 등 다양한 전자상거래를 위한 기능을 구현할 수 있다.

해시함수 : 어떤 데이터를 입력해도 같은 길이의 결과를 도출하는 함수이다. 도출되는 결과가 중복될 가능성이 낮고, 결과 값으로 입력 값을 역으로 추정하기 어렵다. 이 때문에 해시 값을 비교하면 데이터의 변경이 발생했는지 파악할 수 있다.

노드(Node) : 일반적으로 네트워크에서 노드란 연결 지점을 말하며, 다른 노드로의 데이터 전송을 인식하고 처리하거나 전달할 수 있도록 프로그램되어 있다.

컴퓨터 네트워크에서 물리적 노드란 네트워크에 붙어서 전송할 정보를 만들고, 통신 채널 상으로 이를 주고 받는 활성화된 전자 기기를 일컫는다.

논스(Nonce) : 논스는 블록을 연결하기 위한 작업증명에 쓰인다. 새 블록이 만들어졌을 때, 논스 값이 비어있다. 난이도 목표를 만족하는 논스를 찾으면 해당 블록은 유효한 것으로 인정되고 체인으로 연결된다.

채굴 : 채굴 또는 마이닝(Mining)이란 암호화폐의 거래내역을 기록한 블록을 생성하는 그 대가로 암호화폐를 얻는 행위를 말한다.

암호화폐는 중앙은행과 같은 발행기관이 없이 거래내역을 기록한 원장을 전 세계 네트워크에 분산 저장하게 되는데, 이러한 블록체인을 유지하기 위해 해당 블록을 생성한 사람들에게 일정한 보상을 지급하도록 설계되어 있다. 예를 들어 비트코인의 경우 10분에 한 번씩 새로운 블록이 생성되는데, 이 블록의 이름을 16진수로 표시한 총 64자리의 해시를 찾아내는 사람에게 비트코인을 발행하여 지급한다.

채굴에 성공한 보상으로 지급되는 비트코인의 양은 4년 마다 절반으로 줄어드는 반감기를 거친다. 최초의 채굴이 이루어진 2009년에는 50 비트코인을 지급하다가, 2013년부터 25 비트코인으로 줄어들었고, 2017년부터 12.5 비트코인으로 감소했으며, 2021년에는 6.25개로 줄어들 예정이다. 비트코인은 최종적으로 2140년에 채굴을 중지하도록 설계되어 있다.

암호화폐를 채굴하려면 직접 채굴기를 설치하거나 혹은 전문 채굴대행업체에 위탁하는 방법이 있다. 단, 암호화폐 관련 사건사고가 끊이지 않는 만큼 신중하게 채굴대행업체를 선택해야 할 것이다. 현재는 가상화폐 시장 침체기가 길어지는 가운데 비트코인 채굴로 사실상 수익을 얻기가 어려운 것으로 나타났다. 비트코인 가격이 채굴원가를 크게 밑돌고 있기 때문이다.

비트코인 채굴원가는 전기료를 기준으로 추산할 수 있다. 현재 미국에서 가장 낮은 전기요금은 KW(킬로와트)당 0.03달러로 주로 대규모 채굴업자들이 사용하는 산업용 전기가 여기에 해당된다. 비트코인 채굴에 대규모 PC를 동원해야하는 만큼 이를 가동할 전기료가 기준이 되는 것이다.

금융업계는 비트코인 채굴 시장의 미래를 어둡게 전망하고 있다.

가상화폐 채굴 과정에는 높은 연산능력을 갖춘 컴퓨터가 동원된다. 그런데 일상에서 사용하는 일반 PC의 연산능력으로는 대량 채굴이 어렵다. 이 과정에서 그래픽 카드가 필요해진다.

과거 그래픽카드는 컴퓨터 모니터로 화면을 출력하는 용도로 사용되는 데 그쳤지만 최근 고사양 게임이 늘어나면서 이를 구동하기 위한 GPU(그래픽처리장치)를 탑재한 그래픽카드가 늘어났기 때문이다. 고성능 그래픽카드에 탑재된 GPU는 일반 PC의 CPU(중앙처리장치)능력을 뛰어넘는다. 때문에 대부분 채굴업자들은 PC에 여러 대의 그래픽카드를 꽂은 채로 채굴에 사용하고 있다. 예전 가상화폐 광풍이 불 당시 그래픽카드 품귀현상이 생긴 이유이다.

수익성이 악화되면서 가상화폐 채굴시장은 양극화가 심해지고 있다. 소수의 대형업체들이 시장을 독식할 수 있다는 우려가 커지고 있는 상황이다. 소수가 시장을 장악하게 될 경우 비트코인의 취약성으로 불리는 '51%의 공격'을 받을 수 있기 때문이다. 이는 비트코인 전체 채굴량의 50% 이상을 보유한 채굴자가 전체 네트워크를 좌우할 수 있는 것을 의미한다.

'탈중앙화'를 위해 만들어 둔 비트코인 시스템이 이를 충족하는 채굴자의 등장 시점에선 오히려 허점으로 작용할 수 있다는 말이다. 뉴욕 디지털 에셋 리서치의 루카스넛치 연구원은 "이미 소수의 대형 채굴업체들이 전체 채굴량의 30%이상을 차지하고 있다."며 이는 보안의 관점에서 매우 위험하다고 지적했다. 하나의 업체가 50% 이상의 채굴 능력을 보유하게 된다면 가상화폐 네트워크 전체를 파괴할 수 있다고 경고한 것이다.

이중지불 : 단일 화폐 단위가 두 번(이중) 결제되는 것.
은행의 경우 중앙제어 시스템이 있기 때문에 거래 요청이 발생한 순서대로 거래를 진행하면 이중 지불 문제가 발생할 수 없다. 블록체인은 작업증명 방식의 합의 알고리즘을 이용하여 이중지불 문제를 해결하였다.

작업증명(Proof of Work-PoW) : P2P(Peer-to-Peer)네트워크에서 일정 시간 또는 비용을 들여 수행된 컴퓨터 연산 작업을 신뢰하기 위해 참여 당사자 간에 간단히 검증하는 방식, 또는 블록체인에서 정보를 랜덤한 논스(nonce)값과 해시(hash)알고리즘을 적용시켜 설정된 크기의 해시보다 작은 값을 도출하는 과정으로, 새로운 블록을 블록체인에 추가하는 작업을 완료했음을 증명하는 것이다.

지분증명(Proof of Stake-PoS) : 알고리즘의 한 형태로서 이를 통해 암호화폐, 블록체인 네트워크가 분산화된 합의를 얻는 것.
지분증명 기반 화폐는 작업증명 알고리즘 기반 화폐에 비해 에너지(예 : 전기에너지) 사용 측면에서 더 효율적이다.

스마트 컨트렉트(Smart Contract) : 디지털로 계약서 작성, 제3자 없이 정해진 대로 스스로 조건이 실행되는 계약이다.

　- 블록체인에 계약서를 작성하여, 특정조건 만족시 계약내용 실행

　- 대표적 예로 이더리움, 개발 중인 많은 코인들이 스마트 컨트렉트(Smart Contract) 지원

P2P(Peer to Peer) : 인터넷에 연결해 개인들이 각자 보유하고 있는 파일 등을 공유하여 원하는 파일을 다운로드 받는 방식, 일반적인 인터넷 자료실이 특정 서버(대형컴퓨터)를 통해 불특정 다수가 올린 자료를 다시 불특징 다수가 내려받는 형태인데 반해 P2P(Peer to Peer)는 인터넷에 접속한 네티즌 개개인의 PC를 직접 검색, 저장된 자료를 1대 1로 주고받는 방식이다.

트랜젝션(Transaction) : 거래, 매매라는 의미이다.

가상화폐공개- ICO(Inter Coin Offering) : 사업자가 블록체인 기반의 암호화폐 코인을 발행하고 이를 투자자들에게 판매하여 자금을 확보하는 방식.

코인이 가상화폐 거래소에 상장되면 투자자들은 이를 사고 팔아 수익을 낼 수 있다.

투자금을 현금이 아니라 비트코인이나 이더리움 등의 가상화폐로 받기 때문에 국경에 상관없이 전 세계 누구나 투자할 수 있다.

암호화폐 상장에 성공하고, 거래가 활성화될 경우 높은 투자 실적을 기대할 수 있지만 리스크가 매우 크다. ICO(Inter Coin Offering)가 기업 공개와 다른 점은 공개 주간사가 없고 사업주체가 직접 판매한다는 것이다. 감사가 없고 누구나 자금을 조달할 수 있다. IPO처럼 명확한 상장 기준이나 규정이 없기 때문에 사업자 중심으로 룰(Rule)을 만들 수 있어 매우 자유롭게 자금을 모집할 수 있다. 그래서 자금 모집 후 사라지는 사기 사례도 빈번히 발생한다.

국가별 ICO(Inter Coin Offering) 규제 현황

국가	ICO(Inter Coin Offering) 규제 현황
미국	SEC(Securities and Exchanges Commission) : 미국 증권거래위원회는 ICO를 통한 토큰 발행을 증권법상 증권 발행으로 간주함. 증권법 규제를 적용함. CFTC(Commodity Future Trading Commission) : 상품 선물거래위원회는 암호화폐를 상품(실질적 가치를 가지고 있는 매매의 대상)으로 분류함.
러시아	연방 재무부가 '디지털 자산 규제법'을 발표함. ICO(Inter Coin Offering) 진행시 법적 문서 제출 의무화.
중국	2017년 8월 ICO(Inter Coin Offering) 전면금지
대한민국	2017년 9월 ICO(Inter Coin Offering) 전면금지

전자지갑 : 디지털화된 가치를 안전하게 활용할 수 있도록 모바일 기기상에 구현한 전자 지불 시스템의 한 종류로 영어로는 E-Wallet, Digital Wallet이라고 한다. 스마트폰 혁명이 초래한 모바일 경제 시대의 새로운 결재 방식이다.

블록체인 전자지갑 역시 다양하게 출시되고 있으며 완전하고 안전한 상품 개발과 상용화를 진행해나가고 있다.

암호화 : 의미를 알 수 없는 형식(암호문)으로 정보를 변환하는 것.

암호문의 형태로 정보를 기억 장치에 저장하거나 통신 회선을 통해 전송함으로써 정보를 보호할 수 있다. 암호화는 암호키(특정의 비트열)를 사용하여 정보를 암호문으로 변환하는 것이고, 복호화는 복호키를 사용하여 원래의 정보를 복원하는 것을 말한다. 복호키를 갖고 있는 사람 외에는 올바른 정보로 복원할 수 없으므로 복호키가 제3자에게 알려지지 않으면 정보는 보호된다.

암호 체계 또는 방식은 크게 비밀 키 암호 방식과 공개키 암호 방식으로 분류된다. 비밀 키 암호 방식은 암호화와 복호화에 동일한 키를 사용한다.

통신할 때에는 송신자와 수신자가 사전에 동일한 키를 비밀로 갖고 있을 필요가 있다. 한편, 공개키 암호방식은 암호화와 복호화에 서로 다른 키를 사용하는데 암호키는 공개하고 복호키는 비밀로 한다.

하드포크(Hard fork) : 기존의 블록체인과 호환되지 않는 새로운 블록체인에서 다른 종류의 가상화폐를 만드는 것을 말한다.

기존 블록체인의 기능개선, 오류정정, 문제점 수정 등을 목적으로 블록체인을 기존의 블록체인과는 호환이 되지 않는 새로운 방식으로 변경한다.

비트코인(Bitcoin) : 정부나 중앙은행, 금융회사의 개입 없이 온라인상에서 개인과 개인이 직접 돈을 주고 받을 수 있도록 암호화된 가상화폐(암호화폐)로, 2009년 개발되었다.

비트코인은 컴퓨터에서 정보의 기본 단위인 비트(Bit)와 코인(Coin)의 합성어로, 2009년 사토시 나카모토라는 필명의 프로그래머가 개발한 것으로, 실제 생활에서 쓰이는 화폐가 아니라 온라인 거래상에서 쓰이는 가상화폐이다.

이더리움(Ethereum) : 비탈릭 부테린(Vitalik Buterin)이 2014년 개발한 가상화폐로 블록체인 기술과 스마트 컨트렉트(Smart Contract)이 적용되어 있어 각광받는 가상화폐 중 하나이다. 블록체인 기술은 가상 화폐로 거래할 때 발생할 수 있는 해킹을 막는 기술로, 거래에 참여하는 모든 사용자에게 거래내역을 보내어 거래 때마다 이를 대조하여 데이터 위조를 막는 방식을 사용한다. 스마트 컨트렉트(Smart Contract)는 미리 지정해 놓은 특정한 조건이 일치될 경우 자동으로 계약이 실행되는 프로그램이다.

알트코인(Altcoin) : 비트코인을 제외한 모든 가상화폐를 일컫는 용어로 이더리움, 리플, 라이트코인 등이 있다.

이더리움과 암호화폐 코인 / 블록체인 서비스 플랫폼

3.2 블록체인 1.0

초기 블록체인의 개념은 2009년 나카모토 사토시의 P2P(Peer-to-Peer) 레포트에서 정립된 내용과 같다. 이를 블록체인 1.0이라고 하며, 이는 기본적으로 공유 블록체인의 특징을 가지고 있다. 누구든지 거래내역을 볼 수 있고, 누구나 네트워크의 참여자가 될 수 있다. 화폐 목적으로 제한적으로 사용되었기 때문에 투명성과 보안 측면에 가장 큰 중점을 둔 것이 특징이다.

우리가 블록체인에 대해 특징적으로 기억하는 대부분의 것들이 비트코인의 블록체인 개념에서 만들어졌다. 블록체인 1.0에서 만들어진 개념인 '분산 원장을 통한 보안'의 강점은 다음 세대로 넘어가면서도 지속되었다. 이는 향후에도 지속될 개념 정립이 초기에 이루어 졌다는 점에서 큰 의의가 있다.

뛰어난 보안성을 지닌 블록체인, 의도적으로 바디 값을 수정해 거래 데이터를 변조하여 이득을 얻으려는 사람이 있다고 가정해보자. 변조를 위해 특정 블록의 바디 값을 수정하면 헤더 안의 바디데이터를 요약한 머클해시 값이 바뀌게 된다. 이후 해당 블록의 논스를 구하는 작업증명까지 완료하면 해당 블록의 해시 값이 변경되는데, 이로 인해 다음 블록에 포함되는 해시 값 또한 변경된다. 변조를 위해서는 이러한 일련의 과정을 가장 최근에 만들어진 블록까지 반복하고 새로운 블록을 분산시켜 데이터 수정을 정당화해야 한다. 하지만 시간이 지날수록 헤더 안의 난이도 값이 올라가므로 논스를 구하는 시간은 점점 늘어난다.

비트코인의 경우 현재 전 세계에서 가장 성능이 좋은 컴퓨터를 10위까지 모두 가져다가 연산력을 더한다고 해도 변조는 현실적으로 불가능하다. 가장 긴 체인이 가장 안전하다고 이야기하는 이유가 여기에 있다.

이렇듯 블록체인의 안전성은 링크드 리스트를 통한 체인의 길이의 확대와 네트워크 참여자간의 동일한 장부를 통해 생겨난다. 체인의 길이가 길어질수록 이전에 존재하는 하나의 블록을 해킹하는 것은 불가능에 가까워지고 새로이 생겨나는 블록의 거래 데이터를 '분산원장'을 통해 모든 노드가 보유하고 있기 때문에 과반수 이상을 수정할 수 있는 연산력을 보유하지 않는 이상 블록체인의 데이터 조작은 불가능하다. 하지만 시간이 지나며 많은 문제점들이 발견되었다. 초기 디자인상의 블록 크기 문제부터, 블록의 합의 과정에서 걸리는 시간, 비싼 송금 수수료, 확장성의 문제까지 초기 화폐의 개념에는 충실했으나 기능적인 면에서는 분명 한계가 존재했다.

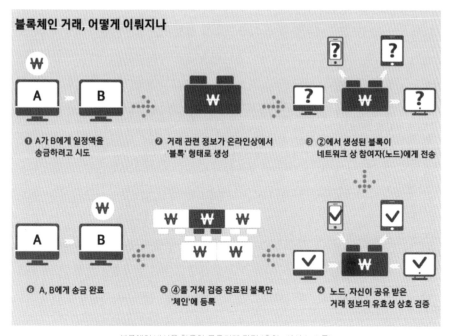

블록체인 방식을 활용한 금융거래 과정 (출처 : 삼성 뉴스룸)

3.3 블록체인 2.0

비트코인의 문제점을 해결하고자 스마트 컨트렉트(Smart Contract)를 도입한 블록체인 2.0이 탄생하게 된다.

대표적인 이더리움은 계약을 통해 특정 조건을 설정하고 조건 이행시 해당계약이 이행되게 하는 기능을 할 수 있다. 비탈릭 부테린(Vitalik Buterin)이 2014년 개발한 가상화폐로 블록체인 기술과 스마트 컨트렉트(Smart Contract)이 적용되어 있어 각광받는 가상화폐 중 하나이다. 블록체인 기술은 가상 화폐로 거래할 때 발생할 수 있는 해킹을 막는 기술로, 거래에 참여하는 모든 사용자에게 거래내역을 보내어 거래 때마다 이를 대조하여 데이터 위조를 막는 방식을 사용한다. 스마트 컨트렉트(Smart Contract)는 미리 지정해 놓은 특정한 조건이 일치될 경우 자동으로 계약이 실행되는 프로그램이다.

스마트 컨트렉트(Smart Contract)는 제3자를 거치지 않고 신뢰가 없는 당사자끼리 미리 프로그래밍(Programing) 된 규칙에 따라 특정 조건이 달성되면 자동적으로 프로그램이 실행되어 이행되는 계약이라고 볼 수 있다. 이를 기반으로 수많은 형태의 파생 서비스를 만들 수 있는데 이러한 서비스를 분산 어플리케이션이라고 한다.

일반적으로 암호와 통화 업계에서는 블록체인 기술의 통화 이외의 분야에의 응용은 '비트코인 2.0'또는 '블록체인 2.0'으로 부르고 있다.

용어의 정의에 대해서는 업계 내에서도 명확하게 정해져 있는 것은 아니지만 적어도 블록체인 기술 자체가 아닌 비트코인의 콘셉트를 기반으로 한 포괄적인 아이디어를 가리키는 경우가 많다. 원래 비트코인의 구조는 특정 관리자가 없고 이중지불을 할 수 없으며, 총 공급량이 사전에 결정되어 있는 등 통화에의 응용을 상정하여 구축되어 있다. 그것을 실현하기 위해 고안된 블록체인의 구조로부터 얻을 수 있는 조작 불능, 검열 내성 등은 통화 이외의 영역에 응용하는 것도 가능하며 인간의 오류를 줄이고 자동화에 따른 비용 절감, 부정의 방지, 투명성 향상 등의 메리트를 얻을 수 있다.

비트코인과 이더리움의 비교

	비트코인	이더리움
개발자	사토시 나카모토	비탈릭 부테린
제니시스 블록 생성	2009년 1월 9일	2015년 7월 30일
합의 알고리즘	작업증명 : proof-of-work	지분증명 : Proof-of-Stake
용도	디지털 화폐	디지털 화폐 + 스마트컨트렉트
화폐단위	비트코인(BTC)	이더(ETH)
블록이 생성되는 시간	10분 마다	12초~15초 마다

블록체인 2.0의 대표적인 이더리움은 캐나다 출신 개발자 비탈릭 부테린(Vitalik Buterin)이 2013년 이더리움 백서를 발간하고, 2015년 공개한 가상화폐이다. 부테린은 수학천재란 평가를 받으며 학창 시절을 보냈다.

페이스북 창업자 주커버그를 따돌리고 월드 테크놀로지 어워드 IT소프트웨어 경진 대회(2015년)에서 수상을 한 것은 유명한 일화이다. 2세대 블록체인으로 불리며 블록체인 기술을 여러 분야에 접목할 수 있도록 업그레이드한 것이 특징이다. 기존 블록체인 시스템을 금융거래 이외의 모든 분야로 확장하는 플랫폼이 되었다.

당시 많은 사람들이 이더리움 프로젝트에 큰 기대감을 보였고 2014년 스위스에 가서 이더리움 재단을 설립하고 ICO(Inital Coin Offering)를 통해 개발자금 펀딩에 성공한다. 이더리움이 첫 번째 ICO 성공사례였다. 그리고 2015년 7월 이더리움의 제네시스 블록에 생성되고 노드들의 채굴이 시작되었다.

돈 탭스콧은 그의 아들과 함께 쓴 책 [블록체인 혁명]에서 그들이 직접 목격한 이더리움 첫 블록의 탄생을 증언하기도 하였다. 이더리움은 거래 기록뿐 아니라 스마트 계약 기능을 통해 계약서, SNS, 이메일, 전자투표 등 다양한 어플리케이션을 투명하게 운영할 수 있는 확장성을 제공한다. 즉 이더리움 플랫폼 위에서 분산형 어플리케이션 D-App(Deceentralized App)을 만들 수 있는 것이다. 실제로 이더리움 이후 많은 D-App들이 개발되었고 거대한 블록체인 생태계를 형성하게 된 것이다.

비탈릭 부테린(Vitalik Buterin)의 모습 (출처 : 블로터)

[블록체인 혁명]의 저자 알렉스 탭스콧과 함께

이더리움 로드맵을 보면, 이더리움을 하드포크 (HardFork)에 따라 4단계로 나누어 표현한다.

1단계인 '프론티어(Frontier)'는 가상화폐 거래를 위해 코인을 채굴 및 발행하고 네트워크를 형성하는 단계이다. 이미 이더리움은 1단계인 '프론티어(Frontier)'를 넘긴 상태이다. 황무지 상태, 테스트넷을 거쳐 최초 생성된 제네시스 블록 이후 노드가 활성화되는 상태이다.

암호화폐 거래를 위해 코인을 채굴 및 발행하고 네트워크를 형성하는 단계이다.

2단계인 '홈스테드(Homestead)'는 이더리움의 성장을 위해 각종 기능을 업데이트하고 보완하는 단계이다. 현재 지금의 이더리움은 2단계인 '홈스테드(Homestead)'이다.

이더리움 생태계를 구축하는 단계이며 개발자를 위해 각종 기능을 업데이트하고 보안하는 단계이다.

Pow(작업증명)합의 알고리즘을 채택하고 채굴과 Dapp의 런칭이 이루어지는 단계이다.

3단계인 '메트로폴리스(Metropolis)'는 이더리움의 대중화를 위한 시기이며, 이더리움의 본격적인 활용이 기대되는 시기이다. 이시기에는 일반인들도 가상화폐를 쉽게 접할 수 있는 시기라 폭발적인 수요가 예상됨으로 가상화폐의 채굴방식이 작업증명 : PoW(Proof-of-Work)에서 지분증명 : PoS(Proof-of-Stake)방식으로 전환되는 단계이다. 본격적인 활동이 기대되는 시기이다.

마지막으로 4단계인 '세레니티(Serenity)'는 이더리움의 최종 단계이며, 전 세계에 발생하는 대량의 모든 기록을 담을 정도의 블록체인이 완성되는 시기이다. 이 시기에는 채굴방식이 완전히 지분증명 : PoS(Proof-of-Stake)방식으로 전환이 된다. 하지만 아직 3단계인 메트로폴리스 단계도 도달하지 못한 이더리움에게 먼 이야기 일 수도 있다.

비탈릭 부테린은 체코 프라하에서 열린 데브콘 4 컨퍼런스 기조연설을 통해 이더리움 2.0 기술 로드맵을 공개했다고 코인텔레그래프가 전했다.

세레니티(Serenity)로 불리는 이더리움 2.0은 지분증명(PoS) 알고리즘, 샤딩을 통한 확장성 확보 등 기존 이더리움 보다 다양한 기능을 제공하고 있다. 부테린은 세레니티 출시 일정에 대해 '머지않아 공개할 것'이라고 언급했다.

이더리움의 전개과정 4단계 내용

명칭	이더리움의 4단계 내용
프론티어 (Frontier)	-황무지 상태, 테스트넷을 거쳐 최초 생성된 제네시스 블록 이후 노드가 활성화되는 상태 -암호화폐 거래를 위해 코인을 채굴 및 발행하고 네트워크를 형성하는 단계
홈스테드 (Homestead)	-이더리움 생태계를 구축하는 단계, 개발자를 위해 각종 기능을 업데이트하고 보안 -Pow(작업증명)합의 알고리즘을 채택, 채굴과 Dapp의 런칭이 이루어지는 단계
메트로폴리스 (Metropolis)	-이더리움의 대중화를 위한 시기. 본격적인 활동이 기대되는 시기 -가상화폐의 채굴방식이 Pos(지분증명) 방식으로 전환
세레니티 (Serenity)	-최종 완성 단계 -전 세계의 대량의 데이터를 담을 정도의 블록체인이 완성되는 시기

3.4 블록체인 3.0

블록체인 3.0은 폭 넓은 적용과 스마트컨트렉트(Smart Contract)의 발전이라고 할수 있다.

블록체인 3.0에 대한 명확한 정의는 아직까지 존재하지 않는다. 다만 지금까지의 블록체인이 금융과 계약, 그리고 화폐의 가치에 한정되어 사용되어온 것과 달리, 향후에는 지금보다 더 많은 정보를 블록체인 상에 기재하고 더욱 정교화된 스마트컨트렉트(Smart Contract)가 도입되어 우리의 생활에 긍정적인 영향을 줄 것이다. 또한 이는 헬스, 교육, 사회, 보건, 문화, 공유경제, 기술분야에 모두 녹아 들어 진정한 초연결사회로 가는 첫걸음이 될 가능성이 높다.

실제로 블록체인 3.0과 비전을 같이 하는 다양한 DAPP(탈중앙화된 어플리케이션)과 플랫폼이 등장하고 있다. 그 간에 블록체인 자체의 기술적인 성숙도 있었다. 컴퓨팅 파워 과다 소모, 느린 거래속도(TPS) 등 블록체인에 제기됐던 여러 한계점을 극복하고 있는 것이다.

2017년까지만 해도 블록체인 서비스로 주로 활용된 플랫폼은 이더리움과 비트코인이었다. 즉, 블록체인 1.0 혹은 블록체인 2.0이라고 볼 수 있다. 블록체인 2.0까지의 블록체인을 여러 산업에 적용하기에는 한계점이 많았다. 이를 보완하고자 아이오타(IOTA), 이오스(EOS), 넴(NEM), 리플(Ripple) 등의 블록체인 플랫폼이 등장했다. 이러한 플랫폼들이 바로 블록체인 3.0이다.

2018년부터 국내 블록체인 회사들이 앞을 다투어 우수한 블록체인 3.0 플랫폼을 개발해나가고 있다. 정부와 지방정부 그리고 대기업들과 벤처기업들까지 블록체인의 활용, 실용화 단계에 와있는 상황이다. 또한 국내 코인 개발자들은 의료부문에도 블록체인을 통해 현행 의료시스템의 비효율을 개선하고자 미팅을 가진 바 있으며 개인의 의료정보를 개인이 소유해 병원간 구분 없이 진료의 연속성을 갖는 것을 목표로 현재 IOC를 진행 중이다. 향후 상용화가 된다면 비용 절감 및 진료의 효율화를 모두 이뤄낼 수 있을 것이다. 의료부문에서 빅 데이터와 블록체인의 도입과 실행 또한 기대되는 부분이다.

블록체인 3.0은 사회 전반에 기술이 적용되는 기술로써 인터넷을 당연하게 쓰는 것처럼 생활 패턴이 자연스러워지고 사회전체에도 또 한 번의 변화를 가져올 것이다. 또한 처리시간 지연의 문제점을 해결하기 위해 합의 알고리즘의 변화, 분산장부관리 기술의 등장과 하드포크 방지를 위해 블록체인 내 자체 의사결정 합의 기능을 탑재한 플랫폼이 대두될 것이다.

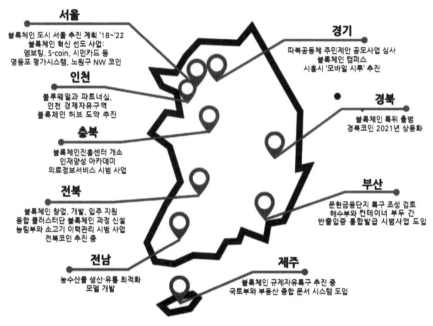

2018대한민국 지자체 블록체인 사업 현황 (출처 : 과기부)

지난 12월 8일 과학기술정보통신부(이하 과기정통부)의 '2019년도 예산 및 기금운용계획'이 최종 확정되었다. 총예산은 14조 8485억원 규모로 전년 대비 5.1% 증가한 금액이다. 이중 블록체인 관련 예산은 전년 87억원 대비 약 3.7배 증가한 319억원이다. 또한 과기정통부는 2019년도 블록체인 공공 시범 사업 12개를 발표하였다. 이는 작년도에 진행되었던 사업(6개)보다 두 배 많다. 더불어 2018년도에 진행되었던 6개 사업이 개발 완료되어 2019년에는 현장에 도입될 예정이다.

올해 서울특별시, 제주특별자치도 (2019년 블록체인 허브로 올려놓겠다는 계획, 가상화폐에 대한 기준과 규제를 명확히 하고 친화적인 블록체인 여건을 조성하여 블록체인 산업의 글로벌 중심지로 도약 목표로 함)와 경기도, 부산광역시, 경상북도 등은 블록체인 특구지정을 목표로 활발히 활동하고 예산을 지원하고 있다.

2018년 6월부터 기술개발이 본격화된 공공블록체인 시범사업 6개가 2019년 현실화된다. 또한, 2019년도 블록체인 공공 시범 사업 12개를 발표하였다.

온라인 투표(선관위 협업)	국가간 전자문서 유통(외교부 협업)
후보자 참관인 이해관계자가 직접 투개표 과정 결과를 검증, 신뢰할 수 있는 온라인투표 가능	블록체인에 공문서와 인증서를 함께 저장하여 외국기관에 전자문서로 편리하게 공문서 제출
축산물 이력관리(농식품부 협업)	**간편한 부동산 거래(국토부 협업)**
사육,도축,가공,판래 관련 정보를 공유하여 문제발생시 추적기간을 최대 6일에서 10분 이내로 단축	토지대장을 국토부 · 지자체 · 금감원이 투명하게 공유하여 부동산 담보대출 시 은행 방문만으로 처리 가능
해운물류(해수부 협업)	**개인통관(관세청 협업)**
컨테이너 이동시 발급되는 다수의 전자원장을 블록체인으로 공유, 운송업무 효율화	통관 관련 정보를 쇼핑몰 특송업체, 관세청이 공유하여 실시간 수입신고 가능 및 저가 신고 방지

블록체인 기술 발전전략 (출처 : 과기부)

경북블록체인 홍보대사, 비트코인재단 대표 브록 피어스(Brock Pierce)의 강연모습

블록체인의 적용 사례로는, 관세청이 주도하는 개인통관 블록체인 시범사업으로 기존 12시간 이상 소요되던 통관처리 방식이 블록체인을 통해 실시간으로 처리되는 시스템으로 변경된 것이다.

과기부와 관세청이 협업한 '전자상거래물품 개인통관 시범서비스'는 전자상거래업체의 주문 정보와 운송업체의 운송정보를 블록체인에 실시간으로 공유하고 시범 사업을 통해 통관 자동으로 취합해 정리하여 서류의 위, 변조 위험과 통관에 필요한 시간을 단축할 수 있게 된다. 따라서 현재 늘어나고 있는 개인의 소량 해외 직구 물품에 대한 신고 시간과 비용을 단축할 수 있을 것으로 기대된다.

배송업체와 전자상거래업체의 데이터를 블록체인 장부를 통해 동시 확인, 수차례 엑스레이 검사를 진행했던 과거와 달리, 통관처리가 간소화되는 것이다. 이를 통해 일평균 3만6000건에 그쳤던 통관처리량도 급증할 전망이며, 1건 당 약 5일 이상 걸렸던 통관절차도 2일 이내로 줄어들 예정이다.

농림수산식품부에서 진행 중인 축산물 이력관리 블록체인 사업은 2018년 12월 전북 농가를 시작으로 2019년 전국 지자체로 확대될 예정이다. 사육장과 도축장, 가공장, 판매장의 데이터를 블록체인으로 묶어, 축산물 유통과정에서 문제가 발생할시 추적기간을 기존 6일에서 10분 이내로 단축시킨다. 이것은 블록체인과 IoT를 활용한 사업이다.

IoT디바이스로 수집된 정보를 블록체인에 자동으로 입력하고 쇠고기 유통 단계별 이력 정보와 증명서를 블록체인에 저장, 공유하는 시스템을 구축하는 사업이다. 기존 시스템에서 쇠고기의 이력 신고 규정은 5일 이내였는데 신고전에 문제가 발생하면 이력 조회가 어렵다는 한계점이 있었다. 블록체인과 IoT를 이용하면 실시간으로 유통 경로를 추적할 수 있기에 이러한 한계점을 해결할 수 있을 것으로 기대된다.

국토교통부가 2019년 1월 구축을 목표로 진행 중인 부동산 거래 블록체인 시범사업은 토지대장을 국토부와 지자체, 금결원이 함께 보유해 민원인이 부동산 담보 대출시, 은행 방문으로 원스톱 처리가 가능하도록 만드는 것이다. 지금까지는 부동산을 매매하거나 혹은 대출하는 경우 은행, 국세청 등에 종이로 된 부동산 증명서를 제출했다. 이 경우 종이 증명서는 위, 변조에 쉽게 노출되기 때문에 범죄에 악용되는 경우도 있었다. 그러나 블록체인 기술을 활용할 시 부동산 정보를 데이터 형식으로 실시간으로 공유할 수 있어 위와 같은 문제점을 해결할 수 있을 뿐만 아니라, 사용자가 증명서를 발급받는데 걸리는 시간을 단축할 수도 있다.

2019년 1월부터 제주도 내 11개 금융기관에서 시범 운영되어 추후 '부동산 거래 통합 서비스'로 확대 개편될 예정이다.

중앙 선거관리위원회의 온라인 투표 블록체인 시범사업도 본격화된다. 중앙선관위는 2013년부터 온라인 투표 시스템 '케이보팅(K-voting)'을 운영해오고 있었다. 그러나 온라인 투표는 해킹과 조작의 위험이 있기에 중요성이 큰 선거에서는 이용되지 못했다. 하지만 위, 변조가 어려운 블록체인 기술을 기반으로 온라인 투표 시스템을 구축한다면 이러한 한계점은 극복할 수 있다. 또한, 쉽고 간편한 투표 참여로 투표율을 증대시킬 수 있으며 비용도 절감할 수 있다.

투표 블록체인 네트워크를 구성, 유권자가 본인인증을 거치면 후보자와 참관인, 선관위가 모두 투명하게 투표 결과를 검증할 수 있다. 정부는 정당 등 온라인 투표를 희망하는 곳에 관련 시스템을 공급할 예정이다.

외교부 역시 2019년부터 국가 간 전자문서 유통에 블록체인 기술을 활용한다. 기존에는 공문서 등 국내 문서를 해외에서 사용하기 위해 내용 확인에만 14일이 걸렸으나, 앞으로는 일부 공문서를 블록체인으로 올려, 해외에서의 행정 처리가 간소화된다. 실시간으로 문서의 발급 사실과 내용을 알 수 있다.

해양수산부의 블록체인 시범사업은 컨테이너 관리와 운송 업무에서 이뤄진다. 과거에는 컨테이너 반출에 일일이 별도의 확인이 필요했으나, 2019년부터는 개별 컨테이너 이동시 발급되는 다수의 전자원장을 블록체인으로 공유해 화주와 터미널, 운송사의 업무 효율이 높아지게 된다. 타 부두 환적시 필요한 정보를 블록체인 상에 저장하여 선사, 운송사, 터미널 간에 공유하고자 하는 사업이다.

부산항의 환적 규모는 세계 2위에 해당하고 선박의 화물을 부두에 내린 후 다른 선박에 옮겨 싣고 출항하는 타 부두 환적이 전체 물동량의 16%에 달한다. 해당 시범 사업을 통해 환적 과정을 실시간으로 투명하게 공유하여 업무량과 대기시간을 줄여 효율성을 증대시킬 수 있을 것이라 기대된다. 2018년 12월부터 1년간 부산 신항에서 현대상선, 롯데 글로벌로지스, 부산 신항 국제터미널 등 총 5개의 물류업체를 대상으로 운영되고 있다.

한국조폐공사와 주택공사 등 공공기관의 블록체인 기술 도입의 성과도 공개된다. 특히 한국조폐공사는 LG CNS화 손잡고 블록체인 기반의 지방자치단체 암호화폐 플랫폼 개발에 착수한 상태이다.

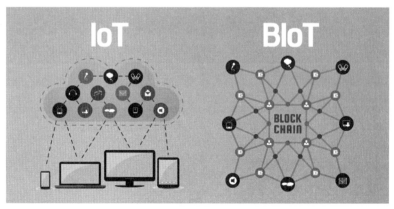

블록체인 기술 금융분야 도입방안을 위한 연구(금융위원회 LG-CNS개념도 참조)

목표	블록체인으로 여는 혁신성장 · 행정혁신	
전략	블록체인 산업생태계 활성화	블록체인 기반 행정서비스 혁신
핵심	① 블록체인 집적단지 조성 ② 블록체인 전문인재 양성	① 시민참여 직접 민주주의 실현 ② 서류 없는 온라인 자격검증 ③ 마일리지 통합관리(S–Coin)
과제	③ 블록체인 유니콘 기업 성장지원 ④ 블록체인 MICE 산업 지원 ⑤ 블록체인 민 · 관 협력 강화	④ 중고자동차 매매 신뢰체계 구축 ⑤ 시간제 노동자 권익보호 ⑥ 서울시민카드 통합 인증 ⑦ 하도급 대금 자동지급 ⑧ 시민주도 스마트 헬스케어 ⑨ 온라인 민원서류 위변조 방지 ⑩ 기부금품 관리내역 공유 ⑪ 민간위탁금 관리체계 혁신 ⑫ 전기자동차 생애주기 관리 ⑬ 친환경 태양광 전력 거래 ⑭ 블록체인 표준 플랫폼 구축

서울특별시 블록체인 공공사업 현황 (출처 : 서울시 보도자료)

서울특별시도 블록체인 마스터플랜 '블록체인 도시 서울 추진계획 2018~2022'를 발표하였다. 추진계획에 따르면 서울시는 5년간 1.233억을 투입하여 블록체인 생태계를 활성화하고 서울 시민의 생활과 직결된 블록체인 공공 서비스를 도입한다. 또한 이 계획에는 블록체인 활성화를 위해 ▲기업 성장 지원 ▲집적단지 조성 ▲전문 인재 양성 ▲마이스(MICE)산업지원 ▲민관협력 강화 등 구체적인 사업안이 담겨있다.

\<2019년도 12대 블록체인 공공선도 시범사업\>

① 블록체인을 적용한 신뢰 기반 기록관리 플랫폼 구축 시범사업(국가기록원)

현재 기록물들은 중앙 집중식으로 관리된다. 기록물의 생산, 관리, 이관 등의 과정을 거치며 기록물이 누락되거나 변경되는 것을 방지할 수 있는 무결성 검증체계가 전무한 실정이다.

블록체인을 활용해 기록물을 관리한다면 기록물의 위변조를 막을 수 있을 뿐만 아니라 기록물을 관리하고 유지하기 위한 비용이 매우 감소할 것이다.

② 블록체인 기반 제안서 접수 및 평가 시스템 구축(방위산업청)

현재 방위산업청의 제안서 접수는 전산화되지 않고 우편이나 대면으로 이루어지고 있다. 조회 및 평가 결과 또한 수작업으로 이루어지고 있다.

방위산업은 대규모 예산이 배정되는 사업이므로 투명성이 요구된다. 블록체인을 방위산업청의 제안서 접수 및 평가 시스템에 활용하면 접수 시 효율성을 높일 수 있으며 제안서의 평가 과정을 투명하게 공개할 수 있다.

③ 인증서 없는 민원서비스 제공을 위한 블록체인 플랫폼 구축(병무청)

현재 병무청에 접속하여 서비스를 이용하기 위해서는 공인인증서를 이용해야 하며 병무 행정을 위해 협업하는 관계기관들 중 많은 수가 종이 서류를 개별적으로 제출하고 있어서 효율적으로 전자문서를 유통하고 관리하기가 힘들었다. 병무청은 이런 한계점을 극복하기 위해서 블록체인을 활용하여 디지털 아이디 개념을 도입하여 인증서의 대안으로써 보안 인증모델을 만들고 효율적인 전자문서 유통 및 검증 체계를 구축하고자 한다.

④ 블록체인 기반 재난재해 대응 서비스 구축 시범 사업(부산광역시)

현재 방재 시스템은 개별적으로 분산되어 있기 때문에 효율적인 대응이 어려웠다. 부산광역시는 블록체인을 활용하여 재난 및 재해와 도시 안전관리와 관련된 모든 관계기관을 통합할 수 있는 채널을 만들어 실시간으로 대응하고자 한다. 더 나아가 글로벌 표준 플랫폼으로 자리잡고자 한다.

⑤ 블록체인 기반 Smart Hospital(의료, 금융, 융합)서비스 개발 시범사업(서울의료원)

개인의 의료 정보가 병원을 중심으로 관리되고 있기 때문에 본인이 자신의 의료정보를 활용하는데 제약을 받고 있다. 또 의료기관 간의 협업과 교류가 증대되어 진료정보 교환의 필요성이 증대되고 있다.

의료원은 블록체인을 활용해 환자 중심의 개인 건강기록(PHR)을 관리하여 의료 정보의 비대칭성을 해결하고 의료 및 의료 정보를 교환하는 과정에 소모되는 시간과 비용을 줄이고자 한다. 의료원은 이 사업을 통해 진료 예약 및 대기 등의 간편 서비스, 진료비 결재, 만성질환 맞춤형 건강 관리 정보 제공, 전자 처방전 및 실손보험청구 등 서비스 체계를 구축하고자 한다.

⑥ 시간제 노동자 권익 보호(서울특별시)

시간제 노동자들이 증가하고 있지만 낮은 근로계약서 작성률 및 사회보험 자격취득률 등 정규직에 비해 열악한 노동 환경에 처해있다. 이러한 문제점을 서울특별시는 블록체인을 활용하여 간편하게 근로계약서를 체결하고 근태를 관리하고 급여 명세서를 발급하여 시간제 노동자의 노동 환경을 개선하고 노동 생산성을 향상시키고자 한다.

⑦ 국민향(向) HACCP(해썹) 서비스 플랫폼 구축 시범사업(식품의약품안전처)

HACCP(해썹) 제도는 정부에서 공인한 식품안전관리 인증제도이다. 여러 기관에 나뉘어져 개별적으로 운영 관리되어 왔다. 식품의약품안전처는 블록체인과 IoT를 활용하여 HACCP(해썹)을 연계 구축 하여 통합된 식품 안전 관리 체계를 구축하고자 한다.

⑧ 블록체인 기반 전자우편사서함 시범사업(우정사업본부)

모바일 기술이 발달함에 따라 모바일 우편 서비스에 대한 필요성이 늘고 있다.

우편물 종 추적 비용이 증가하고 있는데 우정사업본부는 블록체인을 활용한다면 매년 등기우편 재배달에 드는 비용 672억원을 절감할 수 있을 뿐 아니라 온라인 전자우편 시장을 활성화하고 고객의 주소 대신 블록체인 공개키 ID를 사용해 정보 유출을 방지할 수 있다고 한다.

⑨ 블록체인 기반 전북도 인공지능 맞춤형 관광 설계시스템(전라북도)

전라북도는 지역 화폐 시스템 및 블록체인과 IoT를 활용해 전주 한옥마을부터 전북 지역의 관광 산업을 활성화하고자 한다. 전라북도는 '블록체인 기반 스마트 투어리즘'을 통해 관광객들에게는 맞춤형 여행 정보와 활동에 대한 보상을 높이고 관광지의 소상공인에게는 결제 수수료를 줄이고 마케팅 창구 역할을, 관공서에는 관광 정책 수립을 위한 자료를 수집할 때 활용할 수 있다.

⑩ 블록체인 기반 폐배터리 유통 이력 관리시스템 구축 시범사업(제주특별자치도)

제주도는 전기자동차 산업을 선도하고 있으며, 폐배터리산업에 대한 이니셔티브(Initiative)를 가지고 있다. 이러한 배경을 바탕으로 블록체인을 도입한다면 효율적으로 폐배터리와 유통 이력을 관리할 수 있을 것이다. 이렇게 관리된 폐배터리를 재활용하여 산업용 ESS(에너지 저장 장치) 및 연계형 ESS로 재사용할 경우 가정 및 기업의 에너지 비용을 절감할 수 있으리라 전망된다.

⑪ 블록체인 기반 REC 거래 서비스(한국남부발전)

한국남부발전은 블록체인을 이용해 신재생에너지 공급인 증서(REC, Renew Energe Certificate) 거래 시스템을 구축하여 업무의 효율성과 투명성을 높이고자 한다.

⑫ 블록체인 기반 탄소배출권(외부감축 사업) 이력 관리 시스템 구축(환경부)

2015년도부터 탄소 배출권 거래제가 시행되며 장 내외 거래가 활발히 이루어지고 있다. 그러나 해킹 사건 등 배출권 거래에 대한 신뢰성과 안전성 확보의 필요성이 증대되고 있다. 환경부는 탄소배출권 이력 관리에 블록체인을 도입하여 위변조 가능성을 높이어 시장의 신뢰성을 확보하고 이중 거래를 방지하여 거래의 안정성을 확보하고자 함. 국제 탄소배출권 시장에서 블록체인 플랫폼 표준을 세우는 것을 목표로 한다.

가상화폐 리플 창시자인 알렉시스 시르키아와 함께   플랫폼 코인 모멘텀 대표 이알 오스터와 함께

저자가 참가했던 RChain Programming Language 과정 수료증

리플을 만든 '알렉시스 시르키아'도 현재 태국에 거주하면서 다양한 블록체인 기술의 개발과 블록체인 기술의 표준화에 힘쓰고 있다.

지금은 블록체인 기술의 개발과 더불어 블록체인 기술의 표준화, 플랫폼의 표준화가 그 어느때 보다 절실한 때이다. 현재 표준화가 되어있지 않은 블록체인과 플랫폼들이 연결될 수 있다면 그 시너지는 대단할 것이다.

3.5 블록체인의 분류

① 퍼블릭 블록체인(Public BlockChain) : 불특정 다수가 참가한다.

퍼블릭 블록체인(Public BlockChain)은 모두에게 개방되어 누구나 참여할 수 있는 형태로 비트코인, 이더리움 등 가상통화가 대표적이다. 주로 정부에서 관리하는 플랫폼이다.

2019년을 이끌어갈 새로운 트렌드로 급부상할 것으로 예측된다. 2018년 6월부터 정부가 직접적으로 주도한 6개 시범 사업들이 실제로 적용되기 시작했기 때문이다.

퍼블릭 블록체인의 인프라 구축 및 산업 발전 계획이 수립되어지고 실행되어지고 있다. 목표와 비전 아래 구체적이고 분명한 계획을 가지고 실행해 나가는 시기가 될 것으로 예측된다.

퍼블릭 블록체인(Public BlockChain) 시스템 유지의 핵심이 바로 암호화폐이다. 암호화폐가 없는 블록체인 시스템은 구성은 될지라도 작동이 되지 않는 깡통에 불과하다. 블록체인이 자동차라면 암호화폐는 연료가 되는 것이다. 또한 퍼블릭 블록체인과 암호화폐의 관계는 기술적인 문제가 아닌 경제적인 문제로 보아야 한다. 블록체인은 중앙시스템이 없다. 따라 각 참여자(Node)들이 연결되어 자동으로 시스템이 작동되어야 한다. 하지만 보상이 없다면 참여자들은 블록체인의 구성을 위한 자원을 공짜로 공급하지 않을 것이다.

기본적으로 블록체인은 모든 거래기록을 모든 블록에 기록하며 거래에 대한 신뢰를 확보해야 한다.

퍼블릭 블록체인(Public BlockChain)을 사용하는 이유는 블록체인의 가장 큰 장점인 해킹에 대한 안전성이다. 여기서 말하는 해킹은 거래소를 말하는 것이 아니다. 즉, 개개인의 해킹이 아니라 장부의 기록을 조작하는 해킹은 궁극적으로 가치를 무효화 시킨다. 이렇게 해킹 당한 코인은 아무도 보유하려 들지 않기 때문에 곧 사라지게 될 것이다.

퍼블릭 블록체인(Public BlockChain)은 아이디어가 풍부하고 기존의 기업들을 역전하고 싶어하는 스타트업 기업들이 사용할 수 있다.

② 프라이빗 블록체인(Private BlockChain) : 단일조직, 그룹만이 참가한다.

프라이빗 블록체인(Private BlockChain)은 기관 또는 기업이 운영하며 사전에 허가를 받은 사람만 사용할 수 있다. 참여자수가 제한되어 있어 상대적으로 속도가 빠르다.

프라이빗 블록체인(Private BlockChain)으로 하면 회사에서 데이터를 제어할 수 있고 노드를 회사에서만 유지하기 때문에 해킹의 위험에 비교적 안전하다.

프라이빗 블록체인(Private BlockChain)은 서버를 증설하고 유지하는데 거부감이 없는 기업들이 사용할 수 있다.

암호화폐의 블록체인에 기록된 대부분의 정보는 모든 참여자가 열람 가능한 공개 장부이다. 하지만 세상에는 공개되지 않아야 하거나, 일부에게만 공개되어야 하는 정보가 있다. 이런 비공개 정보는 공개된 블록체인 상에 기록되어선 안된다. 그렇기 때문에 프라이빗 블록체인(Private BlockChain)이 등장하게 된 것이다. 접근이 허락된 참여자에 한해서 사용이 가능한 것이다. 소수의 참여자로 구성된 블록체인 이므로 보증된 신원의 참여자들만 정보 접근이 가능하므로 경쟁적 합의 알고리즘이 필요하지 않다.

프라이빗 블록체인(Private BlockChain)은 금융권이 가장 큰 관심을 가지고 개발해 나가고 있다.

퍼블릭 블록체인(Public BlockChain)과 프라이빗 블록체인(Private BlockChain)은 참여자의 제한에 차이가 있다 보니 합의 알고리즘에서도 큰 차이를 보인다. 퍼블릭 블록체인(Public BlockChain)의 유지를 위해서는 핵심 합의 알고리즘인 작업증명(Proof of Work-PoW)과 지분증명(Proof of Stake-PoS)등이 필요하다. 여기서 퍼블릭 블록체인(Public BlockChain)의 한계가 등장한다. 해시파워 경쟁에 따른 과도한 에너지 소모 문제(예: 채굴을 위해서 전기를 많이 사용하는 것)가 발생하는 것이다. 하지만 프라이빗 블록체인(Private BlockChain)은 소수의 참여자로 구성된 블록체인 이므로 보증된 신원의 참여자들만 정보 접근이 가능하므로 경쟁적 합의 알고리즘이 필요하지 않은 이유이다.

퍼블릭 블록체인(Public BlockChain)과 프라이빗 블록체인(Private BlockChain)비교

	퍼블릭 블록체인 (Public BlockChain)	프라이빗 블록체인 (Private BlockChain)
읽기 권한	누구나 열람 가능	허가된 기관만 열람가능
거래 검증 및 승인	누구나 네트워크에 참여하면 거래 검증 및 승인 수행	승인된 기관만 감독 기관
트랜젝션 생성자	누구나 트랜젝션을 생성	법적 책임을 지는 기관만 참여
합의 알고리즘	부분 분기를 허용하는 작업증명이나 지분증명 알고리즘	부분분기를 허용하지 않는 합의 알고리즘
속도	7~20TPS	1000TPS이상
권한 관리	누구나, 모두가, 모든 일을 할 수 있음	채널이나 시스템을 통해 읽기, 쓰기, 권한 관리 가능
예시	비트코인, 이더리움	IBM Fabolic, LoopChain, R3 Corda

③ 컨소시엄 블록체인(Consortiun BlockChain)

컨소시엄 블록체인(Consortiun BlockChain)은 중앙관리자가 존재하는 블록체인은 블록체인의 중요 가치인 탈중앙화 정신에 위배되어 진정한 블록체인이 아니라는 의견 때문에 등장하게 된 것이다. 컨소시엄 블록체인(Consortiun BlockChain)은 특정 참여자 (Node)만 참여할 수 있는 프라이빗 블록체인(Private BlockChain)과 유사한 개념이다.

컨소시엄 블록체인은 여러집단의 협의체로서 참가해 신뢰성과 익명성을 높이는 방식이다. 퍼블릭 블록체인(Public BlockChain)과 프라이빗 블록체인(Private BlockChain)의 단점을 극복하고자 나타난 유형인 것이다. 참여자(Node) 간의 협의가 필요한 서비스에서는 컨소시엄 블록체인(Consortiun BlockChain)이 주로 사용된다. 특히 금융권은 컴소시엄 블록체인(Consortiun BlockChain) 활용의 대표적인 예라고 할 수 있다. 금융 기관끼리 협의에 따라 중개 기관을 거치지 않고 서비스를 제공하기 때문에 외환 거래와 증권 거래 등에 컨소시엄 블록체인이 효과적이다.

블록체인의 가능성과 과제

4.1 블록체인으로 할 수 있는 것들

① 가치 그자체를 디지털 데이터로써 발행할 수 있다.

② 발행된 어떤 가치를 특정 이용자만이 보유할 수 있다.

③ 보유하고 있는 어떤 가치를 다른 이용자 앞으로 이전시키는 것이 가능하다.

④ 여러 사람에 의한 동일 가치의 동시 이용 및 다중 이전을 배제할 수 있다.

⑤ 가치 기록이 정학환 것은 누구라도 수학적, 암호학적인 방법을 이용해서 증명할 수 있다.

⑥ 가치 기록의 내용을 위조하려고 해도 그것이 어려운 데이터 구조를 가지고 있다.

⑦ 가치 기록의 내용이 위조되더라도 그것이 자동적으로 무효화되는 체계를 가지고 있다.

4.2 안정성과 보안의 제고

보안은 실패 없이 네트워크상에 존재해야 한다. 오늘날의 중앙시스템에 의한 데이터베이스 구조는 서버 보안 자체의 문제점이나 내부 직원의 실수로 인한 해킹의 위험에 모든 이들의 정보가 노출되어 있다.

보안 취약 문제를 해결하기 위해 도입된 방법은 보안이라는 벽을 더욱 높이 쌓는 것이다. 현재 대부분의 금융기간과 기업들은 DRM을 통한 문서보안, 단계별 서버보안, 망분리 등과 같이 수많은 보안체계를 둘러 쌓았다. 하지만 이러한 노력에도 불구하고 매년 반복되는 정보유출로 사이버보안에 대한 사회적인 비용은 지속적으로 증가해 왔다.

블록체인은 사용자들 간에 이루어진 거래와 계약내용을 네트워크 사용자 전체에게 전달하고, 짧은 시간마다 검증하기 때문에 구조적으로 제3자의 조작이 어려운 구조이다. 또한 검증 시간은 10분이라는 한계에서 수초 단위로 발전했다. 블록체인을 완벽하게 만들기 위한 기술이 지속적으로 개발되는 만큼 안정성은 더욱 높아질 것이다. 이러한 측면에서 블록체인은 정보 유출 문제에 대한 해결책이 될 수 있다.

4.3 중개 산업의 효율화

블록체인은 보안을 통한 4차 산업혁명의 인프라 역할뿐만 아니라 기존 산업의 새로운 변화를 도모할 수 있다.

지금까지 블록체인의 개념에 대해서 언급한 중앙시스템의 비교 대상은 대부분 국가였다.

비트코인의 탄생 목적이 국가라는 중앙시스템에 의해 조절받지 않는 시스템에 의해 신뢰받을 수 있는 암호화화폐 였기 때문이다. 하지만 블록체인의 적용 범위를 통화에 한정하는 것이 아닌 산업으로 넓힐 경우 중앙시스템의 정의는 더욱 다양해질 수 있다.

4.4 제조업의 부활

기존 인터넷 시대에서 빅데이터 취급과 분석이 소수 대형 IT기업에 쏠렸던 것과 달리 블록체인 시대는 제조업체들에게 직접 데이터를 모으고 분석할 수 있는 기회를 제공해 줄 것이다. 현재 도요타는 기존에 전문성을 보유하고 있는 완성차 사업에 블록체인을 도입하여 자율주행과 공유경제 등의 부문으로 사업 확장을 준비하고 있다.

인터넷 시대에서 기존의 자동차업체들의 역할은 제조부문에만 국한되었다. 하지만 블록체인 시대에서는 조금은 다른 양상을 보일 수 있을 것이다. 인터넷 시대에 대형 IT 기업들이 개인들의 행동양식을 수집하고 고객에게 맞춤 서비스를 제공해왔던 것처럼 블록체인 시대는 제조업체들에게 있어 자사 제품이 경쟁력 있는 플랫폼이 될 수 있기 때문이다.

블록체인 기술이 금융에 접목되는 것만 보고 한계를 가늠하는 것은 향후 가능성을 간과하는 행동이다. 블록체인 기술의 뛰어난 보안 능력과 기존 산업의 효율화 가능성 등 산업이나 사회에 영향을 미칠 수 있는 분야는 무궁무진하다. 블록체인 2.0이라고 불리는 이더리움이 도입된지 고작 3년이 지났고 스마트 컨트렉트(Smart Contract)와 같은 새로운 기술의 산업 적용은 아직 걸음마 수준이다. 새로운 기술이 도입된 지 2~3년 만에 세상을 바꿀만한 변화를 기대하는 것은 욕심일 수 있다.

엑센츄어(Accenture: 미국의 다국적 경영 컨설팅 기업)의 블록체인에 대한 시장전망 보고서에 따르면 2016년과 2017년은 단지 블록체인의 도입기 일 뿐이며 도입기를 마치고 향후 7년 여간의 성장 과정을 거치게 될 것이라고 전망하였다.

현재 블록체인은 시장의 선구자들만이 일부 도입하는 단계에 있다. 그럼에도 불구하고 금융권에 지대한 영향을 줄 만큼 엄청난 파급력을 가지고 있음은 틀림없다.

중앙시스템이 모든 정보와 네트워크를 통제했던 시대를 지나 블록체인을 통해 참여자간 직접 연결되는 블록체인의 시대에서는 인터넷을 통해 사람들간 연결이 가능했던 Web 1.0, 2.0, 3.0 수준 이상의 변화와 기회가 있으리라 기대해 본다.

제 2장.

IT 줄기세포
블록체인

제 2의 인터넷 블록체인 SNS혁명

21세기 미래 산업의 핵심 기술 블록체인!

돈 탭스콧(Don Tapscott)은 "19세기에는 자동차, 20세기에는 PC와 인터넷이 나왔다면, 21세기는 블록체인이 있다"라고 말했다.

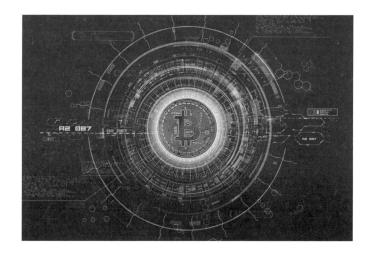

블록은 데이터를 저장하는 단위로, 바디(Body)와 헤더(Header)로 구분된다. 바디에는 거래 내용이, 헤더에는 머클해시(머클루트)나 넌스(Nounce, 암호화와 관련되는 임의의 수) 등의 암호코드가 담겨 있다.

블록은 약 10분을 주기로 생성되며, 거래 기록을 끌어 모아 블록을 만들어 신뢰성을 검증하면서 이전 블록에 연결하여 블록체인 형태가 된다. 여기서 처음 시작된 블록을 제네시스 블록이라고 부른다. 즉, 제네시스 블록은 그 앞에 어떤 블록도 생성되지 않은 최초의 블록을 말한다.

　한국의 과학기술정보통신부는 세계 블록체인 시장이 향후 5년간 10배 이상 할 것으로 전망했다. 향후 블록체인 기술을 제대로 육성하면 산업은 물론 국가적으로 엄청난 성장이 예견된다는 것이다.

　세계적인 경제·IT 분야 전문가들도 마찬가지로 블록체인 시장의 성장 가능성을 높게 보고 있다. 세계경제포럼은 2025년이면 전 세계 총 생산의 10%가 블록체인 기술로 저장될 것이고, 은행 가운데 80퍼센트가 블록체인 기술을 도입할 것이라는 전망을 내놓았다. 미국의 IT분야 컨설팅 기업 가트너(Gartner)는 블록체인 유관시장이 2025년 1760억 달러, 2030년 3조 1000억 달러로 성장할 것으로 내다봤다.

　이처럼 블록체인은 21세기 미래 산업의 핵심 기술로 떠올랐다. 미래 학자들은 제 2의 반도체이자 제 2의 인터넷 혁명을 이끌 핵심 기술로 블록체인을 꼽으며 많은 투자와 기술 개발이 필요하다고 강조한다. 이미 전 세계적으로 금융, 제조, 유통, 공공, 의료 등 대부분의 산업군에서 블록체인 기반의 서비스를 앞다투어 도입하거나 검토하고 있다. 향후 블록체인 기술은 기존 중앙집중 방식을 뛰어넘는 성능개선과 함께 공공 서비스, 계약, 증명 등 신뢰가 필요한 분야에 다양한 혁신거래를 창출할 것으로 기대된다. 과거 인터넷처럼 기반 기술로서 경제 및 사회 제도를 위한 새로운 기반을 창조할 것이다.

　이러한 추세에 따라 블록체인은 향후 사업과 경영에 있어 꼭 필요한 비즈니스 인사이트를 제시하고 있다.

'블록체인'과 '비즈니스'가 만나면?

　인공지능이나 사물 인터넷 등의 첨단 기술이 사회 전반에 녹아들어 혁신적인 변화를 가져올 4차 산업혁명 시대!

　우리는 그로 인해 어떤 변화를 겪게 될 것인가? 현재의 우리는 어떻게 준비하고, 무엇을 대비하고, 또 함께 성장해갈 것인가? 바로 블록체인 기술에 주목할 필요가 있다.

　블록체인이 우리의 미래를 어떻게 바꿀 것인지 궁금하지 않은가? 만약 블록체인 기술이 금융, 유통, 의료, IT 등 실생활에 매우 활용도가 높은 기술로 개발된다면, 분명 새로운 블루오션으로 다가올 것이다.

블록체인으로 무엇을 하고 있을지 몇 년 후의 당신 모습이 궁금하다면 인터넷의 역사를 생각해보라.

과거 인터넷이 처음 등장한 때를 떠올려보자. 또한 이메일이 처음 나왔을 때 거의 모든 사람들은 외면했다. 시간이 흘러 지금은 어떠한가. 인터넷은 정치, 경제, 사회, 교육 등 수많은 분야에 커다란 영향을 미쳤고, 현재까지 산업의 지도를 아예 바꿔버렸다. 그 변화에 발 빠르게 적응하고 인터넷의 기술을 적극 흡수한 기업만이 새로운 역사를 써 내려갈 수 있었다. 블록체인은 그러한 인터넷보다 인류의 일상생활에 더 큰 영향을 끼칠 것이라 예견된다.

모바일시대는 지고 이제 블록체인 시대로 도약

삶을 개선할 하나의 '도구', 블록체인 기술이 가져올 변화와 기회에 주목하라.

"인터넷이 완전히 다른 삶의 형태를 가져왔다면, 블록체인은 기존에 불편했던 점을 개선하는 형태로 다가올 것"이라 말한다. 인공지능을 뛰어넘는 거대한 기술, 블록체인은 불편함을 개선하는 방식으로 다양한 산업에서 활용되면서 비약적 발전을 불러올 것이다. 그때가 되면 새로운 기업이 등장할 것이며 다시 한 번 산업의 판도가 달라질 것이다.

모바일 시대는 끝나고 블록체인 시대가 시작됐다!

세계경제포럼의 클라우스 슈밥(Klaus Schwab) 회장은 블록체인의 티핑 포인트를

2025년으로 내다봤다. 이미 천문학적인 투자가 진행됐고 수많은 인재가 투입됐다. 하지만 다행히도 아직까진 인터넷만큼 성장하지 않았다. 다시 말해 기회가 남아 있다는 것이다.

과거에도 인터넷이 확산된 이후에 아마존, 구글, 알리바바 등이 등장했다. 하지만 블록체인 기술에서는 아직까지 획기적인 모델이 나타나지 않았기에 새로운 기회와 도전이 될 수 있을 것이다. 먼저 블록체인 기술의 무한한 잠재력을 확인하고, 남보다 빠르게 진입 장벽이 낮은 다양한 사업을 구상해보길 바란다.

블록체인 기반 제 2의 인터넷이라고 기대되는 이 기술은 여러 SNS 플랫폼에 자리 잡고 있다. 동영상부터 시작해서 리뷰, 언론, 건강, SNS 등 그중에서 가장 흥미로운 비씨칸(Bckhan)을 소개한다.

블록체인 플랫폼들의 가장 큰 특징은 데이터를 분산시켜 각 블록에 저장하는 것과 그 참여자에게 포인트를 BCK로써 보상을 해준다는 것이다. 또한 SNS를 통한 메신저 기능도 갖추고 있으며, 여기에서는 채팅과 사진, 영상, 전송, 이모티콘은 물론이고 음성 메세지와 파일 전송과 무료통화까지 가능하다.

현재의 SNS 채널들은 사적공간이 없는 공개 공유 공간이다. 하지만 비씨칸은 모든 채팅 내용이 암호화가 된다. 사소한 비밀부터 집 주소, 주민등록번호, 종한 문서 기타 등 그 어떠한 것도 비밀로 유지 된다.

가장 흥미로운 사실은 SLS상점이라는 기능이 있다. SLS 상점은 스마트 계약으로 개인 간으로 자유롭게 거래 할 수 있고 바로 즉시 정산도 가능하며 사업자는 물론 일반 개인 이용자도 조건 없이 자유롭게 무료로 이용이 가능하다.

SNS에서 보상받은 포인트 BCK로 결제가 가능하고, 20% 할인된 가격에 구매 할 수 있다고 한다. 개인이 판매하는 물품은 물론 전 세계 52개국에 서비스 예정으로 BCK들은 KWRK로 교환해 한 번의 클릭만으로 간단하게 현금으로 환전이 가능하며 QR코드와 NFC기능을 이용하면 오프라인 상태에서도 결제가 가능하다.

이렇게 블록체인 기반 SNS플랫폼은 계속 발달될 것이고, 계속해서 새롭고 다양한 기능을 추갈 할 예정이다. 어떤 기능이 추가될 지 기대를 갖는 것보다는 급변하게 변하는 블록체인 기술을 눈여겨보면서 해변에서 서핑을 하는 기분으로 계속 이젠 그 기술을 받아들이고 삶에 접목시키면서 빠르게 적응하고 이용하는 이용자가 혜택을 볼 것이다.

전세계는 인터넷 하나로 연결된 세상

WWW월드 와이드 웹의 줄임말로 HTML로 작성된 홈페이지의 데이터는 인터넷에서 상호 링크하여 복잡한 컴퓨터 네트워크를 형성하고 있다. 마치 거미집처럼 복잡하게 접속되어 있어서 Worldwide(세계적인) Web(거미집)이라고 불리게 되었다.

이젠 그 기술이 한걸음 진보하는 시대에 놓여졌다. 바로 인터넷이라는 넓은 정보의 바다에서 그 무수한 정보의 홍수에서 이젠 블록체인이라는 새로운 기술이 인터넷과 만나서 새로운 도약의 큰 빅뱅속의 소용돌이 세상 속에 세계 최초의 컴퓨터 애니악이 나온 것이 1946년 그리고 1980년대 IBM의 등장은 패러다임 그 자체였다.

퍼스널 PC시대가 열리고 그 시절에는 혁신 그 이상이었다. 하지만 인터넷이라는 새로운 세계가 출범하고 네트워크가 없었기에 PC는 그 자체로서 자료를 저장하고 공유할 수 없는 존재였다. 그러면서 1989년 전 세계를 하나로 엮는 World wide Web이라는 신 개념 거미줄 망 글로벌 하이퍼텍스트 공간개념을 제시한 사람이 팀 버너스리였다.

한 사람의 생각이 생각의 물질로 변해서 지금까지 인터넷 세상은 바다보다 더 깊고 넓은 세상으로 시간과 공간의 제약을 넘어서 누구든 웹으로 접속 할 수 있지만 수많은 정보 속에서 어떤 정보가 진짜 정보인지 가짜 정보인지 알아 낼 수가 없다. 그래서 이것을 탈피 할 수 있는 기술이 바로 블록체인 기반이다. 인터넷과 블록체인 모두 무형이며 시간이나 공간의 제약을 받지 않는 큰 공통점이 있지만 아주 근본적인 차이점은 바로 복사본과 정본의 차이다. 블록체인이라는 기술은 지금도 세상을 조금씩 바꾸고 있으며 아마도 소리 없이 흐르는 강처럼 그 강이 흐르는 지도 모른 채 새로운 패러다임과 혁신 속에 우리들 또한 그 혁신의 기술로 앞으로 나아갈 지도 모른다.

올 해로 아이폰 역사는 12주년이 되어간다. 그 혁명 속에 아이폰의 제조사 애플은 한 때 지나친 제품의 라인업 확장과 MS의 윈도우에 밀리면서 부도 직전까지 갔었던 기업 이었지만 MP3 플레이어와 아이팟의 성공으로 휴대용 디바이스 시장을 선도하기 시작 했으며 최초의 아이폰인 맥월드 2007을 발표하면서 새로운 스마트폰 시대에 지평선을 그은 하나의 큰 이슈로 지금도 해년마다 출시되면 전 세계는 아이폰을 구입하기 위해 서 몇 날 몇 일을 학수고대하면서 심지어 매장 앞에서 텐트까지 설치하고 노숙을 하면 서 그 신제품을 기꺼이 구입하고 행복해한다.

아이폰이라는 이 세 글자는 새로운 핸드폰 시장에 큰 획을 그은거나 마찬가지였다. 그 핵심은 바로 심플, 모든 버튼을 없애버리고 단추가 없는 핸드폰 그리고 멀티적인 기 능은 전 세계를 열광하게 하고 탄성을 지르게 했다. 이렇게 소셜 네트워크 서비스 SNS 는 춘추전국시대로 접어든다.

특정한 관심이나 활동을 공유하는 사람들 사이의 관계망을 구축해 주는 온라인 서비 스인 SNS는 최근 페이스북(Facebook)과 트위터(Twitter) 등의 폭발적 성장에 따라 사 회적·학문적인 관심의 대상으로 부상했다.

SNS는 컴퓨터 네크워크의 역사와 같이 할 만큼 역사가 오래되었지만, 현대적인 SNS는 1990년대 이후 월드와이드웹 발전의 산물이다. 신상 정보의 공개, 관계망의 구 축과 공개, 의견이나 정보의 게시, 모바일 지원 등의 기능을 갖는 SNS는 서비스마다 독 특한 특징을 가지고 있으며, 따라서 관점에 따라 각기 다른 측면에 주목한다. SNS는 사 회적 파급력만큼 많은 문제를 제기하며 논란의 중심에 서 있다.

90년대 말 2000년대 초반 우리에게 인터넷이라는 기술 많은 기대와 많은 실망 그렇 게 10여 년이 지난 지금 돌이켜보면 인터넷 기술이 무엇을 의미했고 세상을 어떻게 변 화 시켰는지 이제는 알 수 있게 되었다.

구글, 유튜브, 네이버, 다음, 카카오, 페이스북, 인스타그램, 트위터 등 SNS가 얼마나 많은 세상과 인간관계 형태까지 바꾸고, 온라인 쇼핑이 오프라인 쇼핑 시장 매출을 몇 배나 앞장서고 PC기능의 50% 이상이 모바일 시대로 넘어오면서 인터넷뱅킹, 모바일뱅킹, 알리페이, 카카오페이, 삼성페이, 네이버페이, 카카오뱅크로 인한 급속도의 발전은 지금도 세상을 바꾸고 있으면서 이젠 스마트폰이라는 플랫폼 속에 불가능이 없어졌다.

이제는 플랫폼 시대이다. 플랫폼이 주목을 받는 이유는 급속도로 발전하는 기술과 고객 요구의 다양화, IT발전으로 인한 네트워크 효과의 신속하면서도 광범위한 확대와 디지털 컨버전스의 진화이다.

현재 수많은 SNS채널이 존재한다. SNS(Social Network Service)는 온라인 인맥구축 서비스와 1인 미디어, 1인 커뮤니티, 정보 공유 등을 포괄하는 개념은 참가자 서로에게 친구를 소개하여 인맥관계를 넓힐 것을 목적으로 개설된 커뮤니티형 서비스입니다.

PC, 태블릿, 스마트폰 웹상에서 이용자들이 인적 네트워크를 형성할 수 있게 해주는 서비스입니다. 인터넷에서 개인 정보를 공유하고 의사소통을 도와주는 1인 미디어 채널로 대표적으로는 블로그, 페이스북, 인스타그램, 유튜브 등이 있다.

최근엔 기업 비즈니스의 활용으로 언론은 미디어 채널 확대와 정치는 시민의 참여로 확대 발전되고 있다. 또한 스마트폰의 등장으로 SNS는 빠르게 발전하고 있다.

SNS의 역사는 각각의 컴퓨터가 전자 통신 수단에 의해서 연결되고 이런 컴퓨터가 인간의 사회적 상호작용과 연락을 중개한다는 개념이 일찍부터 시작되었다.

바이럴 마케팅(Viral Marketing)은 네티즌들이 이메일이나 다른 전파 가능한 매체를 통해 자발적으로 어떤 기업이나 기업의 제품을 홍보할 수 있도록 제작하여 널리 퍼지는 마케팅 기법으로, 컴퓨터 바이러스처럼 확산된다고 해서 이러한 이름이 붙여졌다.

바이럴 마케팅은 2000년 말부터 확산되면서 새로운 인터넷 광고 기법으로 주목받기 시작하였다. 기업이 직접 홍보를 하지 않고, 소비자의 이메일을 통해 입에서 입으로 전해지는 광고라는 점에서 기존의 광고와 다르다.

기업의 입장에서는 소셜 미디어의 등장은 마케팅 채널을 추가하고, 기존 온라인 마케팅의 단점을 보완 새로운 커뮤니케이션을 제공 하고 있다.

지금까지는 기업에서 온오프라인 통합마케팅에 대해서만 고민해왔다면 앞으로는 소셜 미디어 마케팅을 포함한 통합마케팅을 진행하고 있다.

성공적인 SNS마케팅의 운영조건은 SNS마케팅의 가장 핵심적인 목표는 소통임을 확인하고 블로그와 연동을 통해 콘텐츠간의 연결을 유도하고 있다. SNS서비스는 전 세계적으로 놀라운 성장세를 기록하고, 특히 스마트폰의 성장의 견인차 역할을 하고 있다.

전 세계적으로 가장 인기가 높은 SNS는 페이스북이다. 2018년 10월 이용자 수 10억 명 이상 사용하고, 2017년 12월 기준 406억 5300만 달러 2019년 1월 3일 환율기준 약 45조 6,000억이다.

각 SNS 서비스, 웹 서비스, 모바일 애플리케이션 등 각 플랫폼의 결합으로 유기적 친화적인 서비스가 등장하고 성장 가속화가 예상된다. 특히 SNS는 실시간 서비스, 정보의 파급력 등 SNS 서비스 특성 자체로 인해 기존의 온라인 마케팅&광고 보다 높은 효과를 보이고, 소셜 미디어 분석업체인 싱캡스(Syncapse)의 분석 결과 페이스북 팬의 경우 팬이 아닌 고객보다 브랜드 선호도와 로열티 등이 더 높고 브랜드에 대해 긍정적 반응을 나타냈으며 이를 종합해 본 페이스 북 팬 1명의 가치는 연간 "136,38달러" 달한다고 한다.

소셜 마케팅의 필요성은 교육 및 정보 뉴스, 교육, 각종 미디어, 검색으로 엔터테인먼트 음악, 동영상, 게임, 각종 콘텐츠, SW다운로드와 개인 관심으로는 개인 웹사이트, 블로그, 채팅 채널로 실용성으로는 쇼핑, 은행, 주식거래, 이메일, 여행으로 공감, 연결, 행동, 확장, 변화로 이어지고 있다.

지금의 시대는 SNS 소셜 네트워크 서비스 시대이다. 소셜 미디어 마케팅은 개인 프로필을 기반으로 대량 확산이 가능하고, 언제 어디서나 지역적, 글로벌 마케팅 가능하고, 텍스트, 사진, 동영상, 3D까지 활용법이 다양하고, 비용대비 효과가 뛰어나고, 기존 매체를 보완하고 있다.

세계 100대 기업중 80% 이상이 소셜 미디어를 활용하고 신제품출시, 프로모션, 고객 관리로 활용과 소셜 미디어를 통해서 기존 매스미디어로 재확산과 실시간 쌍방향이 가능하고, 고객과의 소통으로 유/무형 자산 활용이 가능하다. 하지만 SNS는 치명적인 단점으로는 개인정보 유출과 사생활이 노출되고, 관리의 피로함으 크게 느낀다. 정보의 신뢰성 하락과 가상인맥 집착하고 그에 따른 해결 방법은 바로 블록체인 기반 SNS가 서두로 떠오르고 있다.

급변하는 소셜의 시대, 인생에 찾아온 위협과 기회는 무엇이든지 사랑하면 알게 되고, 알면 보이게 되고, 알고 난 뒤 보이는 것은 그 전과 다른 것이다.

정보화 시대로 접어들면서 정보 매체는 이제 그 정보의 중요성이 아니라 큐레이셜이 강화되고, 정보의 홍수 속에 옥석을 가려내고, 그 정보를 필터링하는 시대로 도래하면서 그 정보의 소용돌이 속의 제 2의 인터넷 혁명 블록체인 기술은 태풍의 눈과 같다.

4차 산업혁명을 주도할 핵심 기술 중 하나로 손꼽히는 블록체인 기술은 금융은 물론 우리의 일상생활에 다양한 변화를 이끌어줄 혁신적인 기술이다. 이미 차세대 기술로 인정받으며 새로운 패러다임을 만들고 있다.

4차 산업혁명 시대는 블록체인은 인공지능, 무인차, 스마트 시티, SNS 소셜 네트워크 서비스와 특히 "전자상거래는 개념은 점차 사라지고 향후 30년 내 '신소매'라는 개념으로 대체될 것이다. 온오프라인과 물류가 결합하였을 때 진정한 신유통의 개념이 탄생하게 될 것이다."

- 마윈 알리바바그룹 회장 -

우리는 우리의 비전에 (모든 것을 건) 도박을 하고 있다. 우리는 "따라하기" 제품들보다는 언제나 새로운 비전을 찾아 일하러 한다. 그런 건 다른 회사들이 하게 내버려 두자. 우리에게 중요한 것은 언제나 "그 다음의 꿈"이다.

- 스티브잡스 -

뻥 뚫린 SNS 보안 이대로 괜찮은가

2.1 SNS(소셜 네트워크 서비스) 해킹으로 인한 피해사례

네이버의 사회관계망서비스(SNS) 밴드에서 필자 계정이 탈취당하는 사고가 발생했다. 지난해 2018년 10일 20시 7분경 지인의 전화 한 통과 여러 카카오톡으로 지인들로부터 '밴드 게시물이 이상하다 해킹당한 것 같으니 조치하라'는 내용의 조치 문자로 바로 밴드에 들어가 비밀번호를 15자 이상 영어와 숫자를 조합하여 변경하고, 다른기기 로그아웃을 진행했다.

해킹은 누구나 당할수 있다.

밴드는 휴대전화 번호와 페이스북 계정, 각종 이메일 주소를 ID로 삼아 가입할 수 있다. 즉 해커가 훔친 ID와 비밀번호를 이용해 밴드 계정 탈취를 시도한 것으로 분석된다.

끝나지 않은 해킹은 1:1 채팅방까지 음란 사이트로 초대 스팸 문구를 보냈으며, 비밀번호 변경을 다시 변경하면서 해킹 사건은 종료했지만 필자 계정이라서 여러 곳에서의 불특정 다수의 음란 스팸성 문자는 명예훼손 및 그 이상의 이미지 실추와 3시간 동안 개인 업무 마비를 가져왔다.

필자뿐만 아니라 밴드에서의 계정 도용은 도용 피해를 막는 것도 중요하다. 또한 그 문제점 속에 가장 불편한 진실은 소셜 네트워크 서비스 SNS 보안이 취약한 컴퓨터 네트워크의 취약한 SNS 보안망과 불법적으로 접근하거나 정보시스템에 유해한 행위를 사전에 막는 블록체인 블록에 데이터를 담아 체인 형태로 연결, 수많은 컴퓨터에 동시에 이를 복제해 저장하는 분산형 데이터 저장기술과 중앙 집중형 서버에 거래 기록을 보관하지 않고, 거래에 참여하는 모든 사용자에게 거래 내역을 보여 주며, 거래 때마다 모든 거래 참여자들이 정보를 공유하고 여러 대의 컴퓨터에 이를 복제해 저장하는 분산형 데이터 저장기술이다. 여러 대의 컴퓨터가 기록을 검증하여 해킹을 막는 기술 시스템을 진행해야한다는 것이다.

모임이 쉬워진다 우리끼리 밴드, 출처 : 네이버 밴드

네이버 밴드 로그기록을 추적해 IP를 확인하고 경찰청 사이버안전국에 접속하여 사이버범죄를 신고하고 다른 지역 PC에서 해킹 된 사실이 확인되었지만 소 읽고 외양간 고치는 마음으로 매우 불편한 마음을 감추지 못하며, 네이버 밴드의 취약한 보안 문제를 신속히 해결해야 할 것이다.

네이버는 메신저 인기에 힘입어 밴드 가입자 3000만 명을 돌파했다. 끊이지 않는 네이버 밴드 계정 도용 이런 일은 계속 반복되지만 네이버는 어떤 조치와 어떤 해결을 진행하는지 큰 의문이다.

개인계정 도용으로 인한 불특정 다수의 스팸성 음란 사이트로의 초대 보안전문가들은 계정 도용 피해를 방지하기 위해서 계정 도용 등의 피해를 방지하기 위해서는 가입한 웹사이트별로 ID와 패스워드를 다르게 설정하는 것이 가장 좋고, 규칙적으로 비밀번호를 바꿔주는 것이 필요하다. 요즘 드루킹 매크로를 통한 여론조작이 큰 화두이다.

세상의 모든 정보는 넘쳐나고 그 정보 속에 진실이 무엇인지 거짓이 무엇인지 그 진실을 볼 수 있는 눈과 정보콘텐츠 필터링이 시급하고 아울러 네이버 회사는 해킹에 대한 보안시스템에 대한 신속한 보안점검을 진행하라고 말하고 싶다.

대한민국의 가장 큰 검색 포털 사이트와 메신저는 개인의 사생활을 보호하고, 그 시스템을 이용하는데 있어서 한 치의 불편함도 없애야 진정한 대한민국 검색 포털 사이트로 계속 성장할 것이라는 필자의 쓴 소리를 저버린다면 아마도 네이버를 향한 계정 도용 피해를 입은 시민들의 촛불시위도 적지 않아 이뤄질 수도 있다는 생각과 네이버 밴드는 더 이상 해킹에 대한 문제점과 반성을 촉구하며, 그에 따른 조치가 필요할 것이다. 또한 세계 최대의 소셜 미디어 페이스북에서도 잦은 해킹 사고가 일어났다. 지난해 '뉴욕타임스' 주요 외신들은 페이스북에서 최근 해킹 사고가 발생해 약 5000만명의 사

페이스북 해킹은 또 하나의 사생활 침해로 큰 위험에 노출

용자 개인정보가 유출됐을 가능성이 있다고 보도했다.

일부 언론에서는 이를 두고 "페이스북 창사 이래 최대 규모 해킹"이라며 이용자들의 주의를 당부했고 페이스북은 공식 성명을 통해 "지난해 7월부터 약 5000만명의 사용자 계정에 대한 해킹이 발생한 사실을 최근 파악했다"고 밝혔다.

마크 저커버그 페이스북 최고경영자(CEO)는 긴급 콘퍼런스콜을 열고 "매우 심각한 보안 문제가 발생했다. 할 수 있는 모든 조치를 취하고 있다"고 말했다. 이번 해킹 피해자 중에는 저커버그 CEO와 셰릴 샌드버그 최고 운영책임자(COO)까지 포함돼 있는 것으로 알려졌다. 국내에서도 해킹 피해를 당한 사용자들이 있는 것으로 파악되고 있으며 이들의 페이스북 계정은 강제로 로그아웃 됐다고 관계자들은 전했다. 강제 로그아웃은 피해 확산을 막기 위해 개인 정보가 유출된 사용자 약 5000 만 명을 대상으로 페이스북에서 직접 강행한 것이다.

지난해 3월에도 페이스북은 고객 정보 무단 유출로 인한 스캔들을 겪은 바 있다. 영국의 데이터 회사 케임브리지 애널리티카(CA)에서 페이스북 사용자 8700만명의 정보를 무단 도용한 사실이 드러난 것이다.

이번 유출 사고는 CA 도용 사건 이후 불과 6개월 만에 벌어진 것이어서 페이스북측이 사용자 정보 관리를 소홀하게 하고 있는 것이 아니냐는 의혹을 낳고 있다.

당페이스북이 보안 시스템 점검 과정에서 파악한 해킹 경로는 이용자 본인의 계정을 다른 사람들에게 미리 확인하도록 할 수 있는 '뷰 애즈(View as)' 기능이다. 이 기능을 이용하면 사용자 본인뿐 아니라 제3자도 계정에 접근할 수 있어 해커들의 표적이 됐다는 게 페이스북측의 설명이다. 해커들은 뷰 애즈를 통해 사용자들의 계정 접속 정보를 통째로 빼낼 수 있었던 것으로 파악된다.

페이스북은 추가 피해를 막기 위해 지난해 7월부터 뷰 애즈 기능을 한 번이라도 사용한 4000만개 계정도 추가로 강제 로그아웃 했다. 이들에게서 해킹을 당한 흔적은 발견되지 않았으나 계정이 로그아웃하는 순간 접속 정보가 무효화되기 때문에 예방 차원에서 선제적 조치를 취한 것이다. 아울러 페이스북은 뷰 애즈 서비스 자체도 전면 중단하기로 결정했다. 페이스북은 사고 발생 직후 미 연방수사국(FBI)과 페이스북 유럽 지사가 있는 아일랜드 데이터 보호위원회(DPC)에 해킹 사실을 신고했다. 그러나 해킹 공격 주체나 배후, 피해 규모, 유출된 정보 종류 등은 아직 정확히 파악되지 못한 상태다.

보안 전문가들은 뷰 애즈 기능을 자주 이용했던 사용자라면 강제 로그아웃 여부와 상관없이 페이스북 비밀번호를 교체하고 생일·전화번호와 같은 상세 정보를 비공개로 설정할 것을 권고했다.

소셜 네트워크 서비스의 해킹 사례는 누구나 당할 수 있고 그 피해는 후폭풍이 아주 크다. 예를 들면 계정을 통한 사생활이 노출되고, 그에 따른 정보로 보이스피싱 범죄정보 혹은 스마트폰 복제를 통한 개인 금융에 가장 큰 피해를 볼 수 있다.

페이스북은 현재 전 세계 10억 명이상 사용하는 소셜 네트워크 서비스이다. 세계 최고의 IT기업에서 벌어진 해킹 사건은 지금도 더욱 무겁게 다가올 수밖에 없다. 이에 따라서 블록체인기술에 따른 바로 사이버 보안이 시급하고, 어떻게 적용되는지 알아보면 블록체인은 데이터 무결성솨 블록체인은 데이터 무결성과 디지털 ID를 개선하고 IoT 기기의 안전성을 높여 DDoS 공격을 차단하는 등 모든 분야를 더 개선할 잠재력을 지녔다. 실제로 블록체인은 'CIA의 3요소'인 기밀성(Confidentiality), 무결성(Integrity), 가용성(Availability)을 포괄해 더 강화된 탄력성과 암호화, 감사, 투명성을 제공할 수 있다.

다음은 실제 보안 환경에서 블록체인의 사용 사례다.

① 인증을 사용해 에지 기기 보호

IT의 초점이 데이터와 연결성을 가진 "스마트" 에지 기기로 옮겨가면 보안도 따라가게 된다. 결국 네트워크의 확장은 IT 효율성, 생산성, 전력 사용 측면에서는 좋은 일이겠지만(즉, 클라우드 및 데이터센터 리소스에는 좋은 일) CISO, CIO, 더 넓게는 비즈니스 측면에서는 풀어야 할 보안 과제를 의미한다.

블록체인 기술은 인증을 강화하고 데이터 귀속과 흐름을 개선하고 기록 관리에 도움이 되므로 많은 이들은 블록체인을 사용해 IoT와 산업용 IoT(IIoT) 기기를 보호할 방법을 찾고 있다. 예를 들어 2017년 하반기 창업한 신생 업체인 제이지 시큐리티(Xage Security)는 자사의 "위조 방지" 블록체인 기술 플랫폼이 대규모 기기 네트워크에서 개인 데이터와 인증을 분산하는 기능을 한다고 주장했다. 또한 이 플랫폼은 모든 통신을 지원하며 연결이 불규칙적인 에지에서 작동할 수 있고 다양한 산업용 시스템을 보호한다. 이 업체는 이미 ABB 와이어리스(ABB Wireless)와 함께 분산 보안이 필요한 전력 및 자동화 프로젝트를 추진 중이며, 델과 함께 에너지 산업을 위한 델 IoT 게이트웨이 및 에지X(EdgeX) 플랫폼에 보안 서비스를 제공하고 있다고 밝혔다.

한편 영국의 맨 섬 정부는 다른 노선을 택했다. 맨 섬은 IoT 기기의 침해를 방지할 수 있는지 여부를 확인하기 위해 블록체인 기술을 테스트 중이다(물리적인 대상에 고유한 ID를 서명해 신빙성 확인). 이런 개선은 칩셋 수준에도 내장되고 있다.

신생 업체인 필라멘트(Filament)는 최근 산업용 IoT 기기가 여러 블록체인 기술과 호환되도록 해주는 새로운 칩을 발표했다. 블로클릿(Blocklet) 칩의 개념은 "분산 상호 작용 및 교환을 위한 안전한 토대를 제공하기 위해" IoT 센서 데이터를 블록체인에 직접 코드화해서 넣을 수 있도록 한다는 것이다.

② 기밀성 및 데이터 무결성 개선

블록체인은 원래 구체적인 접속 제어 없이 탄생했지만 일부 블록체인 구현은 데이터 기밀성 및 접속 제어에 대응한다.

데이터를 손쉽게 조작하거나 위조할 수 있는 시대임을 감안하면 이는 중요한 과제다.

블록체인 보안 기술

블록체인 데이터를 전체 암호화하면 이 데이터가 전송 중일 때 권한이 없는 사람이 데이터에 접속할 수 없음이 보장된다(중간자(MiTM) 공격이 성공할 가능성이 거의 없다). 이 데이터 무결성은 IoT와 IoT기기로까지 확장된다. 예를 들어 IBM은 왓슨(Watson) IoT 플랫폼에 IBM의 클라우드 서비스 내에 통합된 프라이빗 블록체인 원장에서 IoT 데이터를 관리하는 옵션을 제공한다.

에릭슨의 블록체인 데이터 인테그리티(Blockchain Data Integrity) 서비스는 GE의 프레딕스(Predix Paas) 플랫폼 내에서 작업하는 앱 개발자에게 완전히 감사 가능하고 규정을 준수하며 신뢰할 수 있는 데이터를 제공한다.

③ 개인 메시징 보호

옵시디언(Obsidian)과 같은 신생 기업은 블록체인을 사용해 채팅, 메시징 앱, 소셜 미디어를 통해 교환되는 개인 정보를 보호한다. 옵시디언 메신저는 왓츠앱, 아이메시지와 같은 앱이 사용하는 엔드 투 엔드 암호화 대신 블록체인을 사용해 사용자 메타데이터를 보호한다.

사용자는 메신저를 사용하기 위해 이메일이나 기타 인증 방법을 사용할 필요가 없다. 메타데이터는 원장 전역에 걸쳐 무작위로 분산되므로 한 지점에서 이 데이터를 수집해 침해하기가 불가능하다.

미 국방 첨단과학기술 연구소(DARPA)는 안전하고 외부 공격을 통한 침투가 불가능한 메시징 서비스를 만들기 위해 블록체인으로 테스트 중인 것으로 알려졌다. 블록체인이 안전하고 인증된 통신에 기반을 두는 만큼 앞으로 이 분야가 더 발전할 가능성이 높다.

④ PKI 강화 또는 대체

공개 키 인프라(Public Key Infrastructure, PKI)는 이메일, 메시징 애플리케이션, 웹사이트를 비롯한 다양한 형태의 통신을 보호하는 공개 키 암호화다. 그러나 대부분의 구현은 키 쌍(Key pairs)을 발행, 회수, 저장하는 중앙화된 타사 인증 기관(CA)에 의존한다.

범죄자들은 인증기관을 목표로 공격해 암호화된 통신을 침해하거나 신원을 조작할 수 있다. 대신 블록체인에 키를 게시하면 이론적으로는 가짜 키 전파 위험을 없애고, 애플리케이션에서 통신 상대방의 신원을 확인할 수 있게 된다.

서트코인(CertCoin)은 블록체인 기반 PKI의 첫 구현 가운데 하나다. 이 프로젝트는 중앙 기관을 완전히 없애고, 블록체인을 도메인 및 공개 키의 분산 원장으로 사용한다. 또한 서트코인은 마찬가지로 단일 실패 지점이 없는 감사 가능한 공개 PKI를 제공한다.

신생 기업 레미(REMME)는 블록체인을 기반으로 각 장치에 고유한 SSL 인증서를 부여해 인증서 위조를 차단한다. 기술 연구 업체 폼코어(Pomcor)는 블록체인을 사용해 발급 및 해지된 인증서의 해시를 저장하는 블록체인 기반 PKI를 위한 청사진을 게시했다(다만 이 경우 CA는 여전히 필요하다).

에스토니아의 데이터 보안 신생 업체 가드타임(Guardtime)의 말대로 된다면, 블록체인은 PKI를 완전히 대체할 수도 있다. 이 업체는 블록체인을 사용해 PKI를 대신하는 키리스 시그니처 인프라(Keyless Signature Infrastructure, KSI)를 만들었다. 가드타임은 매출, 직원 수, 실제 고객 구축 면에서 세계 최대의 블록체인 업체로 성장했으며, 2016년부터 블록체인 기술로 에스토니아의 의료 기록 100만 개 전체를 보호하고 있다.

부캐넌은 "현재 신뢰 인프라 생성은 PKI에 의존하지만 특히 사이버 범죄자들이 자체 디지털 서명을 만들고 있는 지금 PKI에는 부족한 부분이 많다"면서, "블록체인 방법을 사용하면 일반 시민이 생성한 ID를 사용해 거래에 서명할 수 있게 된다"고 말했다.

⑤ 더 안전한 DNS

미라이(Mirai) 봇넷은 범죄자가 핵심 인터넷 인프라를 얼마나 쉽게 망가뜨릴 수 있는지를 잘 보여준 사례다. 공격자들은 대부분의 주요 웹 사이트가 사용하는 도메인 이름 시스템(DNS) 서비스 공급업체를 다운시켜 결과적으로 트위터, 넷플릭스, 페이팔 등의 서비스에 대한 접근을 차단했다. 이론적으로 블록체인을 사용해 DNS 항목을 저장하면 공격 가능한 단일 목표를 제거함으로써 보안을 개선할 수 있다.

네불리스(Nebulis)는 접속 요청이 물밀 듯 쇄도하는 경우에도 장애를 일으키지 않는 분산 DNS 개념을 연구하기 위한 새로운 프로젝트다.

네불리스는 이더리움 블록체인, 그리고 HTTPS의 분산 대안인 인터플라네터리 파일

시스템(IPFS)을 사용해 도메인 이름을 등록하고 확인한다.

부캐넌은 "인터넷의 중심에 있는 DNS와 같은 핵심 서비스는 대규모 서비스 중단이나 기업 조직 해킹을 위한 기회를 제공한다. 따라서 블록체인 방법을 사용하는 더 신뢰할 수 있는 DNS 인프라를 사용하면 인터넷의 핵심 신뢰 인프라를 크게 강화할 수 있다"고 말했다.

⑥ DDoS 공격 감소

블록체인 신생 업체 글라디우스(Gladius)는 자사의 분산 원장 시스템이 분산 서비스 거부(DDoS) 공격을 차단하는 데 도움이 된다고 주장한다. 현재 DDoS 공격이 100Gbps를 넘어서고 있는 상황에서 상당히 주목을 끄는 주장이다. 글라디우스 측은 "자사 분산 솔루션으로 가까운 보호 풀에 연결해 더 나은 보호 기능을 제공하고 콘텐츠를 가속화함으로써 이런 공격으로부터 시스템을 보호할 수 있다"고 말한다.

흥미로운 점은 분산 네트워크를 통해 사용자가 여분의 대역폭을 임대해 수익을 거둘 수 있다는 글라디우스의 주장이다. 이렇게 임대된 잉여 대역폭은 노드로 분산되어 DDoS 공격을 받는 웹 사이트로 대역폭을 전환, 사이트가 가동 상태를 유지하도록 한다. 글라디우스 네트워크는 일반 상태(DDoS 공격을 받지 않는 상태)에서는 콘텐츠 전송 네트워크 역할을 해서 인터넷 접속 속도를 높여준다.

블록체인 기술이 만병통치약은 아니다. 기술적인 복잡함과 수많은 시스템도 장벽이고 100% 보안을 보장할 수도 없다. 부캐넌이 우려하는 점은 적용 가능한 트랜잭션 속도 측면의 제약, "정보를 블록체인에 저장해야 할지 그 밖에 저장해야 할지 여부를 두고 일어나는 갈등"이다.

2.2 블록체인 기술로 여권 없는 시대

블록체인 기술이 우리 주변의 금융, 보안, 의료 등 수많은 분야에서 조금씩 적용되고 있다.

네덜란드의 암스테르담과 캐나다와 토론토를 여행하는 여행객들을 대상으로 올해부터 여권 없이 입국 할 수 있는 서비스를 시행한다고 발표했다.

최근 수많은 국가들과 정부, 기업들이 블로체인 기술을 실생활에 적용하려고 노력하고 있지만 여러 국가와 함께 하는 블록체인 프로젝트는 흔치않았다.

여권이 사라지는 세상

이번 네덜란드 정부와 캐나다 정부의 협력이 전 세계 블록체인 업계에 큰 파급효과를 일으킬 것으로 보인다. 이번 프로젝트의 핵심은 여권 대신 이용하는 디지털 아이디라고 할 수 있다.

디지털아이디는 네덜란드 국민들의 신원정보를 블록체인 플랫폼 안에 저장해 어디서든 쉽게 이용 할 수 있고, 네덜란드 이 외에도 약 30개 블록체인 관련 프로젝트를 진행 중인 "블록체인 강국"으로 산후조리 관련 서류 작업을 단순화해주는 프로젝트와 여러정부 보조금 프로젝트 등을 이미 완성해 실생활에서 사용하고 있다.

3 새로운 패러다임 뉴미디어 탄생

3.1 블록체인 새로운 저널리즘

시빌 미디어는 지난해 언론인과 시민들이 함께 소유하고 운영하는 시빌 미디어는 미디어 플롯폼이자 블록체인 네트워크 개념으로 처음 도입되었다.

시빌 미디어

시빌은 블록체인 기술을 기반으로 한 새로운 뉴스 플랫폼이다. 때문에 시빌의 운영 방식을 이해하기 위해서는 블록체인에 대한 기본적인 이해가 필요하다.

블록체인은 디지털 거래가 이뤄질 때, 신뢰를 보증할 제3의 중개인 없이 개인 간 (P2P) 거래가 가능케 한다. 블록(Block)에 암호화된 정보 데이터가 기록되고, 이는 모든 참가자의 컴퓨터(노드)에 분산 저장된다. 거래가 이뤄질 때마다 블록이 생성되고, 거래 내역이 담긴 블록들은 잇따라 연결(Chain)된다. 어느 한 노드의 데이터를 변경해도 다른 노드에 해당 데이터가 남아있어 신뢰성과 투명성을 보장할 수 있다. 이런 방식은 블록체인 네트워크를 분산형 탈중앙화 시스템으로 만든다.

시빌은 이같은 블록체인 기술을 이용해 기자와 독자가 직접 뉴스를 거래 할 수 있게한 오픈마켓이다. 기자-독자 간 P2P 거래가 이뤄지면 광고주의 입김, 정치적 외압, 온갖 검열, 주요 기사를 선정해 메인 페이지에 배치하는 포털의 영향으로부터 자유로울수 있다.

구글, 페이스북 등 글로벌 IT 기업들은 디지털 뉴스 중개자로 부상하는 동시에 가짜뉴스의 온상지가 됐다. 그렇게 시작된 "저널리즘의 위기"라는 말이 느껴지는 시대에 새롭게 탄생한 시빌 미디어 그 시작도 화려했고, 전 세계 언론인가 시민은 주목했다. 하지만 시간이 흐른 지금 광고없는 새론운 활력과 새 시도 주목받던 미디어 실험에 좌초되고, 사업성이 떨어지는 한계를 못이겨 블록체인 기술을 이용하여 저널리즘의 새로운활로를 열 것이라고 공언했던 "시빌 미디어"가 출범 1년여 만에 좌초 위기에 처했다.

언론이 광고 의존적 사업모델을 비판하여 새로운 모색을 했지만, 결국 수익성의 벽을 넘지 못한 것이다. 지금까지의 보도자료의 구성 요소는 아래와 같았다.

제목 보도자료의 제목은 뉴스의 제목에 해당하므로 간결하고 함축적으로 작성하는것이 좋았고 발표 날짜 보도자료 발표 당일의 날짜를 적습니다. 날짜가 없으면 이미 오래 전에 발표한 보도자료로 오인될 가능성이 있습니다. 본문 뉴스의 본문은 일어난 사건을 신문 기사체로 작성하면서 회사소개 회사의 창립연도, 매출규모, 주력제품, 직원숫자 등을 한 문단으로 정리했다.

ex) 연락처 보도자료 문의처를 알립니다.

ex) 삼성전자 홍보팀 홍길동 02-000-0000 0000000@00000.COM

보도자료를 잘 쓰는 요령은 보도자료는 기업이나 조직이 언론매체가 사용할 수 있도록 신문 기사체로 작성해 언론인에게 배포하는 뉴스 발표문이며, 보도자료를 작성하기전에 아래의 작성 원칙을 꼭 지키도록 하고 있다.

① 사건의 의미와 중요성 강조
보도자료를 쓰는 이유는 대중과 언론이 알아야 할 어떤 사건이 발생했기 때문이다.

보도자료 내에 이 사건에 대해 주변 사람들이 왜 관심을 가져야 하는지에 대하여 충분한 설명과 의미 부여를 하는 것이 중요하다. 그래야 언론과 대중이 주목을 하게 됩니다.

② 신뢰감을 주고 인상적이어야 한다.

뉴스를 신뢰감과 함께 깊은 인상을 주어야 하며 소비자는 근거 없이 최초의, 최고의 같은 형용사를 남발한 보도자료를 뉴스가 아닌 광고로 받아들이게 된다. 또한 기자는 과장된 보도자료에 대해서는 인용 보도를 하지 않습니다. 차분하면서도 깊은 인상을 줄 수 있는 근거 또는 통계 수치 등을 제시해 뉴스의 설득력을 높이는 것이 좋다.

③ 간명하고 함축적인 제목

보도자료는 제목만 보고 이 글이 무엇인지 알 수 있어야 합니다. 제목은 고속도로의 표지판처럼 몇 글자만으로 무슨 얘기인지 금세 알 수 있어야 합니다. 보통 신문 기사의 제목을 길어야 15글자이므로 제목은 짧아야 합니다. 언론인은 호기심을 불러일으키려고 내용의 핵심에서 벗어나는 엉뚱한 제목을 부티는 보도자료를 싫어한다.

④ 문어체 보다는 구어체로 작성

말을 하듯 글을 쓰는 것이 중요합니다. 공식적인 뉴스라고 해서 한자어를 남발해 문어체로 작성하면 내용이 어려워집니다. 또 뉴스가 생생하게 전달되지 않습니다. 특히 독자는 딱딱한 문어체 제목보다 적절적인 구어체 제목에 눈이 끌린다는 점을 명심해야 한다.

⑤ 첫 문장에서 전체 윤곽을 잡아야 한다.

뉴스의 첫 문장을 흔히 리드라고 부릅니다. 뉴스에서 첫 문장은 대단히 중요합니다. 첫 문장만 읽어보아도 전체의 내용이 한눈에 들어오도록 작성해야 합니다. 그래야 독자는 뉴스의 전체 내용에 대하여 감을 잡고 다음 문장을 읽을지 여부를 결정한다.

⑥ 본문은 역 피라미드 방식으로!

보도자료는 작성할 때 가장 유의해야 할 저즘 발표자의 입장이 아닌 독자의 입장에서 글을 써야 한다는 것입니다. 보도자료를 작성하다 보면 자신을 홍보하는 데만 몰두해 독자가 무엇을 궁금해 하는지 생각하지 못하는 경우가 많습니다. "이 글이 대중의 삶과 어떤 관련이 있고 어떤 영향을 미칠 것인지 제대로 알려주고 있는가?"를 보도자료를 만들면서 계속해서 되묻기 바랍니다. 특히 난해한 전문 용어는 대중의 관심에서 멀어지는 것을 자초하는 지름길이라는 것을 명심해야 한다.

⑦ 6하 원칙에 따라 핵심내용 요약

보도자료에는 누가, 언제, 어디서, 무엇을, 어떻게, 왜 했는지에 대한 정보가 반드시 포함되어야 합니다. 6하 원칙은 뉴스보도의 기본입니다. 보도자료를 작성을 한 뒤 이중 하나라도 빠진 것이 없는지 꼼꼼히 점검했다.

⑧ 핵심이 분명하고 일관성 있어야 한다.

보도자료는 핵심 내용이 무엇인지 분명히 나타나 있어야 합니다. 이런 얘기 저런 얘기를 일관성 없이 나열하는 것은 바람직스럽지 않습니다. 할 얘기가 아무리 많다 하더라도 이 가운데 무엇이 핵심내용인지 분명히 하고 논리적 일관성이 있는 보도자료를 작성해야 한다.

⑨ 문장은 짧아야 한다.

신문사나 방송사 데스크는 늘 기자에게 문장을 짧고 명료하게 쓰라고 주문합니다. 그래야 독자가 읽기 쉽고 뜻이 분명해지기 때문입니다. 신문 기사의 경우 한 문장의 평균 글자수가 60자 정도입니다. 보도자료도 이 숫자에 맞추는 것이 바람직합니다. 자꾸 글이 길어질 때에는 한 문장에 한 개의 아이디어만 담는다고 생각하고 문장을 만드는 것이 좋습니다. 두 개의 아이디어를 하나의 문장에 담는 것은 피해야 한다.

⑩ 긴 보도자료는 본문과 해설로 분리

보도자료의 본문은 A4용지 2페이지를 넘기지 않는 것이 좋습니다. 신문에 실리는 뉴스를 보면 A4 두장 이상의 기사는 거의 없습니다. 다만 전문지나 잡지의 경우는 긴 기사를 쓰는 경우도 있습니다. 이를 감안해야 한다면 본문 뒤에 해설이나 참고자료 또는 용어설명을 붙여주는 것이 좋다.

⑪ 코멘트는 신뢰성을 높여야 한다.

뉴스의 신뢰성을 높이는 가장 좋은 바법은 관련된 인물의 코멘트를 보도자료에 넣는 것입니다. 보도자료에 " " 같은 인용 부호를 넣어 사장, 임원, 개발책임자, 기관장의 코멘트를 넣으면 언론인과 독자는 훨씬 내용에 신뢰감을 갖게 됩니다. 또한 코멘트를 붙이면 언론인은 직접 만나거나 취재하지 않고도 만난 것처럼 기사를 쓸 수 있습니다. 코멘트를 붙일 때 명심해야 할 것은 그 인물이 해당 분야에 대해 전문가적인 식견을 갖고 있다는 것을 느낄 수 있게 붙이는 것이 좋다.

⑫ 사진과 동영상 삽입

뉴스에 동영상이나 사진을 삽입하면 뉴스의 주목도가 크게 높아집니다. 사진은 전문가가 촬영한 것을 쓰는 것이 좋습니다. 인물이나 물건을 찍는 경우에는 조명에 따라 분위기가 전혀 달라지므로 스튜디오에서 촬영을 하는 것이 좋습니다. 원리를 알기 쉽게 설명한 그래픽이나, 연도별 추세를 나타낸 그래프나 도표를 준비하면 더 의미가 명확하게 전달된다.

⑬ 문의처, 회사소개, 웹 주소 기재

보도자료에는 반드시 발표 담당자 이름, 전화번호(또는 이메일)가 기재되어 있어야 합니다. 그래야 언론인이 내용을 확인하고 궁금한 것을 물어볼 수 있습니다. 요즘에는 보도자료에 웹사이트와 간단한 회사 소개까지 붙이는 것이 보편화되어 있다.

⑭ 키워드를 보도자료에 삽입

뉴스와이어는 보도자료를 대형 포털에서 볼 수 있는 시대를 열었습니다. 포털에 배포된 보도자료는 키워드에 의해 검색되어 대중에게 노출될 가능성이 높습니다. 따라서 보도자료를 작성 할 때에는 대중이 잘 사용하는 적절한 키워드를 넣어서 작성하는 것이 좋다.

저널리즘과 블록체인 기반 미디어

보도자료 작성 시 금기사항

1. 새로운 사실이 없는 단순한 기업, 기관 소개 정보

2. 공공의 목적 없이 제 3자를 비방하거나 프라이버시를 침해서 자신과 명예를 손상시킬 가능성이 없는 보도자료 등 정보

3. 과장, 왜곡되었다고 판단되는 보도자료 등 정보

4. 범죄행위에 관련된다고 판단되거나 음란물 등 미풍양속에 어긋나는 내용을 담은 보도자료 등 정보

5. 타인의 지적재산권 등 기타 권리를 침해하는 보도자료 등 정보

6. 행사도가 낮거나 사진이 언론매체가 쓰기에는 품질이 떨어진다고 판단되는 사진, 영상

7. 문법적으로 틀리거나 6하 원칙에 따라 정확한 내용을 담지 않은 보도자료 등 정보

8. 이미 언론에 배포되 발표시점이 지난 보도자료 등 정보

위와 같은 보도자료는 안타깝게도 지금도 확인되지 않은 수많은 기사로 전 세계는 지금도 언론이라는 보도자료는 양날의 검이자 이 세상에 없어서는 안 될 소식지이며, 저널리즘은 현재 사용되고 있는 저널리즘이라는 말의 뜻은 넓고 좁은 갖가지 의미가 있어 반드시 일정하지는 않다. 가령, 좁게는(이것이 일반적인 정의로 인식되고 있지만) 정기적인 출판물을 통하여 시사적인 정보와 의견을 대중에게 전달하는 활동, 구체적으로는 신문과 잡지에 의한 활동을 가리키는 데 사용된다. 한편, 넓게는 모든 대중전달 활동을 말하는데 이 경우에는 비정기적인 것, 출판물 이외의 비인쇄물에 의한 것, 내용적으로는 단순히 오락·지식 등을 제공·전달하는 경우도 포함해서 사용된다. '출판 저널리

즘', '라디오 방송 저널리즘', '영화 저널리즘' 등의 말이 이에 해당된다.

저널리즘의 어원이 라틴어의 'diurna(나날의 간행물)'에서 유래되었다는 점과 저널리즘이라는 말이 만들어지고 사회적으로 정착한 것이 신문과 잡지가 대중전달 활동의 왕좌를 독점하고 있던 19세기 중반 무렵이었다는 점 등을 생각하면 본래는 좁은 의미로 한정되어 사용되던 것이 최근에 와서 오히려 넓은 의미로 사용되는 경우가 많아졌다고 생각된다. 그러나 넓은 뜻으로 말하는 저널리즘도 매스커뮤니케이션과 반드시 일치하는 것은 아니다.

매스커뮤니케이션은 대중전달의 사회과정 전체를 가리키는, 종합개념인 데 비해 저널리즘은 그 일부분 또는 하위개념이며, 주로 매스커뮤니케이션의 미디어(매체) 활동의 측면을 가리키는 것으로 이해하는 편이 적절하다.

'블록체인 기술과 저널리즘의 미래' 저널리즘의 신뢰성과 지속가능성이 위기에 처했으며, 인터넷만으로는 안 되며 조작된 뉴스가 증가하면서 피해의식이 커졌다. 따라서 구매자와 판매자를 연결하는 플랫폼이 필요하며 저널리즘은 이에 대한 관심을 가져야 한다.

미디어로는 광고수익의 지속성을 더 이상 유지할 수 없으며, 페이스북과 구글이 과점체제를 이루고 있다.

3.2 저널리즘 왜 블록체인인가?

블록체인 기술로 저널리즘을 곧바로 바로잡을 수는 없으며, 블록체인 기술로 어느 한 사람이 통제할 수 없는 분산형 커뮤니티를 구축할 수 있다.

블록체인 기술 네트워크에 참여하는 사람은 의사결정에도 참여할 수 있으며 블록체인은 주식과 다른 네트워크로 내 이해관계가 다른 사람 이해관계와 다르지 않습니다. 또한 집단화된 개인으로서 효과가 다르다.

유저에게 권한을 줘야하며, 블록체인 기술을 이용한 탈중앙화 커뮤니케이션에서 답을 찾을 수 있다. 블록체인 기술을 이용한 저널리즘, 속보가 이슈로 떠올랐다고 생각해

보면 중개인에게 원고료를 줄 필요가 없고 기사 작성자에게 직접 지급할 수 있다. 또한 블록체인 기술 네트워크에 내가 찍어 올린 사진 수요가 높아져 사진을 라이센싱 해두면 어디를 가든지, 그리고 세월이 흘러도 내가 보상을 받는다.

새롭게 시작되고 위기에 처한 저널리즘 앞으로 블록체인 기반 네트워크 저널리즘은 계속 발전 가능할 기술이며, 전 세계에서 주목할 만한 가치 있는 기술 바로 그 중심이 블록체인 기술이다.

잠재력, 위력이 대단하며 수많은 사람들에게 배포할 수 있으며 원하는 사람 누구나 볼 수 있으며 새로운 인터넷, 새로운 가치를 포착할 수 있는 기회이고, 기록 변화, 실시간 기록할 수 있으며 영구히 사라지지 않는 영구 보관이 장점이다.

블록체인 기술을 적용하면 거짓 정보나 잘못된 정보를 퇴치할 수 있으며, 언제 올렸는지, 누가 홍보했는지 투명하게 알 수 있으며 나쁜 행위를 적발할 수 있게 해 인센티브를 줄 수 있다.

블록체인 기술을 활용하면 새로운 뉴스 룸을 설립하기 쉽다는 장점이 있으며, 저널리스트들이 좀 더 쉽게 뉴스 룸을 만들 수 있다.

단점보다는 장점이 많은 블록체인 기술은 잠재력이 큰 만큼 리스크 또한 크지만 그 매서운 바람과 시련 속에 화려한 꽃이 피어나듯이 앞으로의 블록체인 기반 저널리즘 미디어는 계속 생겨나고 때론 사라지거나 발전할 것이다.

블록체인 미디어 스타트업

4.1 스타트업의 의미 그 출현 배경

　설립한 지 오래되지 않은 신생 벤처기업을 뜻하며 미국 실리콘밸리에서 생겨난 용어다. 혁신적 기술과 아이디어를 보유한 설립된 지 얼마되지 않은 창업기업으로, 대규모 자금을 조달하기 이전 단계라는 점에서 벤처와 차이가 있다. 1990년대 후반 닷컴버블로 창업붐이 일었을 때 생겨난 말로, 보통 고위험·고성장·고수익 가능성을 지닌 기술·인터넷 기반의 회사를 지칭한다.

　기업이라는 구체적인 단어가 생겨나기 전 역사적으로 많은 학자들이 사회변화에 따른 신노동계층의 태동을 얘기했다. 대표적인 학자들의 예견은 다음과 같다.

　* 마셜 맥루한 - 캐나다의 미디어 연구가

"미래의 사람들은 매우 빠르게 움직이면서, 전자제품을 이용하는 유목민이 될 것이다. 세계 각지를 돌아다니지만 어디에도 집은 없을 것이다"

　* 다니엘 핑크 - 2001년 <프리에이젼트의 시대> 저자

"21세기에는 조직을 위해 일하는 '회사형 인간' 대신 원하는 일을 원하는 시간에 원하는 조건으로 일하는 프리에이젼트가 노동의 중심에 설 것이다"

* 군둘라 엥리슈, 미래학 전문가. <잡 노마드 사회> 저자

"미래는 끊임없이 움직일 것이며 국경도 없고 영토도 없을 것이다.

분권화되고 촘촘히 연결되어서 권력은 중앙에 집중되지 않고 오히려 개인에게로 향하게 된다. 정착을 선호하고 일에 질질 끌려 다니는 월급쟁이들은 점차 자신의 노동력을 자유롭게 사용할 줄 아는 노마드(유목민)처럼 움직이는 직장인으로 변해야 할 것이다"

이와 같은 흐름 속에서 기존의 조직형 인간의 모습에서 변하고자 하는 이들이 나타나고 현대 시대의 특징 속에서 이들의 존재가 더욱 촉발되게 된다.

잡노마드 사회라는 책에서는 유동성이 강한 유목민의 삶을 현대 신 노동계층의 삶으로 회자했는데 그 책에는 이들의 속성을 이렇게 얘기하고 있다.

"평생 한 직장, 한 지역, 한 가지 업종에 매여살고 싶지 않았던 것이다. 자신이 승진할 가능성이 한정되어 있다는 사실을 알았기 때문에 승진 경쟁에 뛰어들지도 않았고 회사를 위해 목숨 바쳐 일하지도 않았다. 직업세계에 새로 등장한 이 신부류들은 자신들의 가치를 알고 그것을 자신을 위해 이용했다. 이들은 현대화가 진행되면서 이 현대화를 실천하는 주인공이 될 것이다"

기업의 출현 배경은 바로 현대사회의 여러 특징이 대변하고 있습니다. 바로 현대 사회가 세계화, 디지털화, 개인화, 지식기반 사회라는 점이며 현대사회는 설명해보자면 다음과 같다.

직업을 구하기 위해 여러 번 거주지와 회사를 옮기고 프로젝트의 이동으로 세계를 떠돌아다니게 되었으며 인터넷을 통해 전 세계를 손쉽게 서핑을 하게 된다.

거리의 사망(Death of Distance). 정보통신의 발달로 전 세계인들은 서로의 거리를 줄여 서로 커뮤니케이션하고 경쟁하고 있으며 현대의 삶과 직업의 세계는 직업을 자주 바꾸는 사람, 사이버 세계시민, 변화를 즐기는 사람, 방랑자처럼 떠돌아다니는 기질의 사람들로 넘쳐나고 있다.

최근 비즈니스 환경은 아웃소싱이 일반화하고 인터넷 기반 네트워크와 커뮤니티가 강조되고 있다. 1인 기업이 각광 받을 수밖에 없는 환경이다. 기업가 대열에 나선 이들

은 이 새로운 비즈니스 종족의 출현이 필연적이라고 입을 모으며 특히 지식기반 경제가 가속화되면서 1인 기업의 입지가 비례적으로 확대되고 있다는 게 전문가들의 의견이다. 불안정한 직장대신 자신만의 비전을 키우며 전문 영역을 구축하는 현상은 새로운 트렌드로 이어지고 있다.

* 1인 기업의 국내 현황- 매일신문(2009.2)
1인 지식기업'현재 45만 명 넘어…대한민국 창업시장의 트렌드 부상
우리나라 산업분야를 모두 통틀어 가장 성장률이 높은 업종은 뭘까?

바로 '1인 지식기업'이다.

중소기업청에서 정의하는 '1인 지식기업'이란 한국표준산업분류 기준으로 지정한 지식서비스분야 6개 업종(통신업, 금융`보험업, 사업서비스업, 교육서비스업, 보건`사회복지사업, 오락`문화`운동 관련서비스업)의 전문 인력으로 중소기업들이 전문 인력 채용을 아웃소싱으로 대체하면서 최근 4년간 연평균 4.5%씩 고성장을 거듭했고, 2006년 기준 1인 지식기업인 수는 사업자등록자 11만7천명, 프리랜서(미사업등록자) 32만8천명 등 모두 45만 명 선으로 추정된다.)

20, 30대 취업난과 50, 60대 베이비부머의 은퇴가 맞물리면서 창업이 대안으로 제시되고 있다. 특히 1인 창조기업은 최근 몇 년 새 새롭게 부상하고 있는 분야다. 정부는 내년에 1000억 원 이상의 금융지원을 통해 1인 창조기업 활성화의 원년으로 삼는다는 계획이다. 1인 창조기업 설립 방법과 실제 창업 경험담, 정부 지원책을 소개한다.

증권사 생활 13년차 이제 마흔에 접어드는 나 창조 씨, 평소 나만의 사업을 꿈꿔왔지만 막상 창업을 하려니 걱정이 많았다. 잘 나간다는 커피전문점이나 편의점 같은 아이템은 동네마다 하나씩 있을 정도여서 선뜻 내키지 않았다. 나 씨는 일단 예비창업자들을 지원하는 창업진흥원을 찾았다. 창업진흥원은 40대 이상의 시니어를 위한 시니어 창업스쿨도 갖추고 있으며 여기에 등록하면 총 교육비의 80%를 정부에서 지원하는 창업교육과 함께 커뮤니티 활동, 경영 기법 등의 지원을 받을 수 있습니다. 정부에서 위탁 운영하는 민간 창업스쿨도 15곳이나 돼 골라서 교육을 받을 수 있다.

나 씨는 퇴직자의 직무경험과 연관 지어 교육을 진행하는 '업종전문 컨설턴트 양성 과정'에 등록했다. 그리곤 자신이 일 해온 증권 분야의 전문성을 살려 1인 창조기업을 차리기로 마음먹었다.

나 씨와는 달리 아예 새로운 업종에 도전하는 것도 가능하며 정부는 참살이 사업을 통해 네일아티스트, 플로리스트, 커피바리스타 이수 과정을 지원하고 있습니다. 창업한 지 3년이 안됐다면 청년창업 사관학교를 이용해 볼 만하다.

- 창업 전 "최소비용으로 사무공간 마련"

나 창조 씨는 증권정보 앱에 도전하기로 했다. 주식투자자들은 언제나 신선한 투자 기법과 정보를 원하기 때문에 각종 증권정보를 맞춤형으로 요리해 주면 승산이 있다고 생각했다. 나 씨는 평소 친분이 있던 프로그래머와 함께 증권정보 앱을 기획했지만 그런데 창업 공간을 확보하는 게 쉽지 않았으며 소형 오피스텔을 얻는 비용도 적지 않았기 때문에 수소문 끝에 무료로 쓸 수 있는 1인 창조기업 비즈니스 센터를 찾아냈다.

비즈니스 센터는 1인 창조기업 사업자를 위한 창업 공간 외에도 법률·세무 컨설팅을 제공하며 센터는 민간위탁센터와 공공센터 등을 합쳐 전국 34곳에 있다. 입주 신청은 기술정보진흥원의 아이디어 비즈뱅크에 하면 된다. 아이디어 비즈뱅크는 센터 이용권인 비즈니스 카드를 발급하는데, 이 카드를 받으면 1인 창조기업으로 공인되는 셈이다.

법상 4인까지 창조기업으로 인정되는데 나 씨의 창조기업은 자신과 프로그래머 2명이고, 정부가 법으로 정한 372개 업종에 포함된 앱 분야여서 무리 없이 비즈니스 카드를 발급이 가능했다.

- 창업 후 "매출처 확보가 생존 관건"

창업 후 급선무는 매출을 일으키는 것이다. 나 씨 역시 거래처 확보부터 벽에 부딪혔다. 나 씨는 아이디어 비즈 뱅크내 프로젝트 거래몰을 이용하기로 했다.

프로젝트 몰은 1인 창조기업이 중소기업이나 공공기관으로부터 프로젝트를 수주할 수 있도록 돕는 곳이다. 마침 나 씨는 중소기업 IR을 대행하는 업체가 발주한 주가정보 관리 소프트웨어 프로젝트를 따내 첫 매출을 올렸다.

나 씨는 이후 스마트폰용 주식거래 앱에 본격 도전했다. 자체적으로 앱을 만드는 대형 증권사 대신 소형 증권사에 제안서를 냈고 계약서를 담보로 1인 창조기업용 정책자금 1억 원을 받아 프로젝트를 진행했다. 여러 소형 증권사에서 수주를 따냈고 이때마다 정책자금을 이용할 수 있었다. 프로그램 업데이트는 1인 창조기업에게 주어지는 최대 1억5000만원 한도의 R&D 지원 프로그램으로 해결했다.

나 씨는 사업이 어느 정도 궤도에 오르면서 퇴직한 동료 직원을 영업직으로 채용하고 개발자를 추가로 고용해 4인 기업으로 성장했다. 마침 1인 창조기업 펀드의 투자대상업체로 선정돼 3억 원 가까운 지원도 받았다. 나 씨는 계속 인력을 늘려가야 할 상황이지만 향후 3년까지는 1인 창조기업에 주어지는 혜택을 받을 수 있어 당장 큰 걱정은 하지 않고 있다.

그렇다면 자신의 브랜드로 올곧이 설 수 있는 1인 기업가가 되기 위해 언제 어떠한 준비가 필요할 것인가?

많은 전문가들의 얘기를 종합해보면 앞으로의 직업 선택은 무엇보다 "마흔 이후"를 염두에 두어야 할 것, 왜 마흔을 기준으로 두는지는 마흔이라는 나이가 우리나라 기업에서 고위간부로 올라가는 시기로 실무에서 손을 띄게 되는 중요한 나이기준이 되고 있다. 즉, 마흔 이후에는 마흔 이전에 쌓은 명성을 지속적으로 더 쌓아서 그 명성으로 살아갈 수 있어야 한다.

기술발전과 고령화로 미국에서는 40, 50대의 사무직 관리자들이 기존 회사를 떠나 낮은 임 금을 받는 일자리로 이동, 새로운 경력을 쌓는 게 일반화되고 있으며 일본에서도 공무원이나 학계 인력들이 55세에 퇴임한 뒤 새로운 일자리를 찾고 있다. 이에 이 시기가 오기 전 20, 30대의 경험과 전문성을 가지고 이후를 준비해야 한다는 것이다.

한편으로는 20대부터 바로 1인 기업가로서의 준비를 하는 이들도 늘어가고 있으며 급변하는 지식정보화 사회에서는 직장경력 없이도 20, 30대에 자신만의 전문성을 터득한 지식노동자 많다. 20대가 강세를 보이는 디지털 분야에서는 더욱 일반화되었다.

결론적으로 1인 기업가는 시대적 흐름 속에 있으며 1인 기업가의 기질과 속성에 맞는 이들은 지금부터, 1인 기업가로서의 준비를 시작해야 한다. 특히 스타트업과 매우 연관된 사업으로 특히 블록체인은 비트코인이 전부가 아니며 블록체인의 가능성은 금융권에 국한되어 있다고 생각하기 쉽지만 블록체인의 잠재력은 콘텐츠 비즈니스에서도 주목할 만하다.

블록체인 기반 소셜 미디어. 출처 : steemit 사이트

블록체인 기반 SNS미디어는 왜 필요하고 전환이 필요한 이유는 다음과 같다.

새로운 방식의 콘텐츠 가격 책정, 콘텐츠 직접거래, 효율적인 로열티 배분, 안전하고 투명한 개인 간 거래, 경계 없는 콘텐츠 소비가 가능하다.

① 새로운 방식의 콘텐츠 가격 책정

블록체인을 이용하면 넷플릭스나 왓차 같은 정액제 대신 각 콘텐츠의 이용에 따른 지불모델이 가능해진다.

② 콘텐츠 직접거래

광고로 수익을 얻는 모델에 의존하고 있건 미디어 산업에서는 중간 매개자의 역할이 컸고, 중개에 따른 수수료도 발생했다. 그러나 블록체인을 이용하면 개발 콘텐츠에 대한 정확한 추적이 가능해지므로 생산자와 소비자가 직접 관계를 맺을 수 있다.

③ 효율적인 로열티 배분

콘텐츠의 종류나 형식에 관계업이 콘텐츠를 이용한 것에 대한 추적이 가능하므로, 로열티를 보다 효과적이고 투명하게 배분하여 정당한 저작권 소유자가 실질적인 수익을 얻을 수 있게 해준다.

④안전하고 투명한 개인 간 거래

블록체인을 활용하면 개별 콘텐츠의 소비를 통제할 수 있고, 이로 인해 P2P의 공유를 통제하는 것이 가능해진다. 이는 결과적으로 C2C(Consumer-to-Consumer)와 같은 새로운 비즈니스 모델을 시도하는 것을 가능하게 한다. 만약 위의 비즈니스 모델이 가능해지면 풀랫폼 사업자도 게이트키퍼로서의 역할을 잃을 가능성이 커진다.

⑤ 경계 없는 콘텐츠 소비

저작권 관리 시스템의 주체는 보통 국가이다. 이 때문에 다른 나라에서 생산된 콘텐츠를 소비하는 과정이 복잡해진다. 그러나 블록체인을 이용하면 생산자가 직접 지식재산을 판매 할 수 있기 때문에 국가나 지역에 상관없이 콘텐츠를 소비하고 이에 대새 실시간으로 과금하는 가능해진다. 저작권 관리의 효율성이 증대되는 것 또한 기대 할 수 있다.

4.2 블록체인 소셜 미디어 사례 스팀잇

미디어 블록체인으로 인해 많은 것이 바뀌게 되고 또한 세상은 변하게 된다. 특히 콘텐츠의 생산, 유통, 소비의 헤게모니가 콘텐츠 생사자와 소비자에게 돌아가며, 미디어 산업의 중심이 플랫폼의 비즈니스인 광고가 아니라 콘텐츠 생산자의 비즈니스인 저작권으로 이동한다는 것이다.

미디어 블록체인 사례는 블록체인 기반 소셜 미디어 "스팀잇"을 가장 대표적으로 소개한다. 특징은 블록체인 기반 소셜 네트워크서비스(SNS)와 출범 2년 만에 전세계 100만 가입자와 웹 트래픽 기준 전 세계 상위 1000위 내 한국은 200위 내이며 2018년 11월 7일 기준 kr이 전체 태그 중 3위이다.

　스팀잇에서는 다른 사용자들로부터 "좋아요"(스팀잇에서는 이를 "업보트"라고 부른다)나 댓글을 받으면 그에 상응하는 암호화폐를 받을 수 있다. 다른 사람의 게시물에 업보트나 댓글을 다는 행위를 스팀위에서는 큐레이션이라고 부르는데, 큐레이션만으로도 암호화폐 보상이 주어진다. 이렇게 얻은 암호화폐를 거래소를 통해 현금으로 교환 할 수 있으며, 보상받는 암호화폐의 종류는 "스팀"이라고 한다.

　"스팀잇"의 가장 큰 특징은 다음과 같다.

　첫째, 텍스트콘첸츠에 후원금 모델을 도입하여 창작자에게 쉽게 후원금을 주는 방식을 블로그에 도입하여 적은 수로 독자의 충분한 보상 가능과 빠르고 간편한 수익을 얻을 수 있다.

　둘째, 광고가 불필요하며, 강고 수익에 의존 할 필요성이 전혀없다. 광고를 없앰으로써 사용자 경험을 향상에 빠르게 사용하여 모을 수 있다.

　셋째, 콘텐츠 생산자의 자율성 증가와 일정수의 충성 독자가 있다면 충분한 보상을 받을 수 있으므로 충성 독자에 소구하는 자신만의 콘텐츠를 만드는 것이 가능하다.

　넷째, 사용자의 그림자 노동에 보상을 제공한다. 광고 수익의 수수료를 떼이지 않고, 플랫폼 성장에 따라 늘어나는 이익이 사용자에 이익으로 이어진다. 결국 미디어는 블록체인과 함께하고 미래는 플랫폼리스 시대가 될 것이며, 플랫폼은 있지만 플랫폼 사업자는 없지만 미디어 플랫폼은 있는 상태를 말한다. 쉽게 말하자면 화폐는 있는데 화폐 발행 기관은 없는 게 현재 가상화폐의 생태계이다.

다시 말하면 지금까지 모든 플랫폼의 사용자들은 플랫폼에 명시적인 사용료를 지급한 것은 아니었지만, 광고의 수수료 혹은 생산자와 소비자를 중개하는 플랫폼의 중개료로 사실상 비용을 지불하고 플랫폼을 이용해왔다. 그러나 플랫폼리스 시대에는 플랫폼 사업자가 없기 때문에 콘텐츠가 아니라 플랫폼이 공짜인 시대가 될 것이다.

4.3 블록체인 기술을 이용한 스마트시티 조성

세종 스마트시티, 블록체인 결재 응급시 드론 출동

2018년 7월 대통령 직속 "4차 산업혁명 위원회"와 국토부 스마트시티 기본구상을 발표했다.

세종시 연동면 5-1 생활권 스마트시티 시범도시 7개 혁신 서비스를 제시하여 인공지능을 활용한 공유 자동차, 자전거 등 이용의 새로운 교통 체계구축 생활권의 스마트시티 국가 시범도시는 최첨단 교통·헬스케어 기술 등이 총망라된 미래 도시로 만들어질 것으로 보인다. 특히 이 시범도시는 블록체인으로 쇼핑하고 세로운 교통체계 완성, 자율주행 대중교통 이용, 지능형 돌보미 로봇 서비스 등 4차 산업혁명의 일부분이 실행되는 획기적인 방안들이 만들어져 관심을 증폭시키고 있다.

대통령 직속 4차 산업혁명 위원회와 국토교통부는 지난 7월 16일 오후 2시 서울 상암 DMC에서 세종시 연동면 5-1 생활권(274만㎡) 스마트시티 시범도시 기본구상을 발표했다.

국토부는 모빌리티, 헬스케어, 교육, 에너지·환경, 거버넌스, 문화와 쇼핑, 일자리 등 7대 혁신 서비스를 제시하고 다시 모빌리티, 헬스케어, 교육, 에너지·환경 등 4개 서비스를 핵심 과제로 강조했다. 이는 세종5-1 생활권에서 그간 제시된 교통 에너지 컨셉 이외에도 세종시에 부족한 헬스케어 및 교육서비스와 관련된 신기술과 서비스를 접목함으로써 시민행복에 한걸음 더 다가고 있다.

우리나라가 지닌
고도 **경제 성장 경험**과
성공적인 도시 개발 '노하우'는

이 매력적인 스마트 시티 시장을 열어가는 데
강점으로 작용할 것입니다.

출처 : 국토교통부

세종 5-1 생활권의 스마트시티 국가 시범도시는 최첨단 교통·헬스케어 기술 등이 총 망라된 미래 도시로 만들어진다. 사진은 도심을 연결하는 인공물길과 수변카페 조성과 도시 공간구조에서도 혁신적인 제안을 기본구상에 담았고 블럭체인 도입, 데이터 기반 도신운영 등 4차 산업혁명을 일부 도입했다. 우선 개인이 소유한 자동차는 생활권으로 진입하는 입구에 따로 주차하게 하고 내부에서는 자율주행차와 공유 자동차, 자전거 등을 이용해 이동하는 새로운 교통 체계가 실험된다.

간선급행버스체계(BRT)가 도시를 관통함으로써 인근 세종 생활권은 물론 오송과 대전까지 연결하고 BRT 도로에서 5-1 생활권으로 진입하는 입구에는 개인 승용차 주차공간이 조성된다. 스마트파킹 시스템을 통해 운전자가 빈 주차구역을 편리하게 찾을 수 있다.

생활권 내에서는 공유차나 자율주행 대중교통으로만 이동하게 된다. 생활권의 공간구조 안 주차장에서 50m 이내에 교통시설이 위치하게 함으로써 교통 이용에 불편이 없도록 할 예정이다.

세종 시범도시에서는 모빌리티부분의 경우 공유기반 교통수단과 5G 차량 흐름 데이터를 인공지능(AI)으로 분석해 교통을 최적화하는 시스템이 적용되고 드론과 무인 교통수단 등을 통한 택배 서비스도 도입된다. 직주근접을 효율적으로 실현하기 위해 기존 도시계획상 용도지역을 지정하지 않고 생활권을 리빙·소셜·퍼블릭으로만 구분해 도시를 조성할 예정이다.

공유차 이용 시스템에 대해 우리나라의 주거 및 교통 문화에서 실현 가능성이 크지 않을 것이라는 우려도 나온다. 마스터 플래너인 정재승 카이스트 교수는 "공유 차량 이용자에게 이동정보 제공에 대한 대가로 인센티브를 제공하는 등의 방식으로 공유차 이용을 유도할 방침"이라고 말했다. 헬스케어 분야에서는 스마트홈과 드론 응급지원 등 첨단 기술이 제시됐다.

인공지능을 기반으로 한 스마트홈에서 거주자의 건강상태를 체크하는 시스템이 도입된다. 이를 통해 집의 온도와 습도, 환기량 등을 자동으로 조절하고 데이터 기반 개인 맞춤형 의료 서비스를 제공한다.

사물인터넷(IoT)을 기반으로 하는 지능형 돌보미 로봇 서비스를 도입하고, 응급 시 드론이 3분 안에 출동해 구급대나 의료기관에 사고상황을 전달하거나 최적의 응급지원을 하는 시스템도 추진된다.

교육의 경우 에듀테크를 활용한 온·오프라인 교육환경을 제공하고 뇌 발달주기에 따른 교육환경을 조성하는 한편 3D 프린터나 로봇팔 등 메이커 장비를 활용한 만들기 교육을 강화할 예정이다.

마이크로 그리드, 제로에너지 빌딩, 스마트 그리드 관리, 태양광패널, 미세먼지 흡착·

저감 기술 등 에너지 절감형 건축 기술과 친환경 기법도 대거 도입된다.

교육에서는 에듀테크를 활용한 현실 가상의 다양한 교육환경을 제공하고 비판적인 사고와 토론, 서술형 에세이를 강조한 교육환경이 조성된다. 유아 어린이 청소년 등 뇌 발달주기에 따른 교육화경도 만들어지면 로봇팔, 3D프린터를 활용한 만들기 교육도 강화된다.

세종 5-1 생활권에서 통용되는 지역 화폐인 '세종코인'도 시범적으로 도입되는 등 문화와 쇼핑문제를 해결한다. 스마트 건물관리도, 사진 아래는 스마트 에너지 관리는 음식점과 상점, 공공시설의 실시간 정보를 제공하는 스마트 앱과 데이터 분석 시스템을 개발하고, 블록체인 기술을 기반으로 한 스마트 결제·배송시스템을 적용하는 방안도 추진된다. 에너지와 환경을 위해서는 제로에너지 빌딩, 태양관패널, 미세먼지 흡착 저감기술 실현 자가진단건물 등이 실현된다.

일자리 창출을 위해 스타트업과 중소기업, 대기업, 글로벌 기업 간 협업과 공동작업 기회를 제공하고 시민데이터에 대한 금전적 보상(코인)을 통한 기본소득을 확보하고 정부 연구개발(R&D)을 지원하는 한편, 기술 이전 및 상용화를 확대해 기업이 일하기 좋은 환경을 마련할 계획이다.

세종 시범도시에는 지역 공동체가 시민위원회와 리빙랩(사용자 참여형 혁신공간) 등을 통해 도시 운영에 적극 참여하는 시민주도형 문제 해결 모델이 구축된다. 또 충청권역 산업단지들과 특화산업을 연계하거나 코펜하겐과 암스테르담 등 북유럽 스마트시티 선도 도시와 교차 실증을 통해 스타트업 기업들의 성장 기반을 마련하고 고도화된 서비스를 제공할 예정이다. 이와 같이 블록체인 기술은 우리의 생활과 밀접하게 관여하고 이젠 블록체인의 기술은 선텍이 아닌 필요로 인해 준비된 자가 기회를 잡는 신사업의 초석으로 블록체인 미디어 스타트업 사업은 물론 전 세계를 흔들 블록체인은 차세대 사업으로 크게 부상할 것이다.

제 3장.

**블록체인이
가져올
미래변화 예측**

블록체인으로 변화될 세상

1.1 스마트 계약

1996년 닉 사보(Nick Szabo)가 처음 제안한 스마트 컨트랙트는 말 그대로 "똑똑한 계약"이다. 기존 종이 계약은 사람이 계약서를 작성하고 지키지만 스마트 계약은 사람이 아닌 디지털 프로그램으로 계약을 작성하고 조건에 따라 계약 내용을 자동으로 실행할 수 있는 장점이 있다. 블록체인 기반의 스마트 계약은 탈 중앙화된 자동화 방식으로 제 3자의 개입 없이 당사자 간 자동으로 처리된다. 이는 단순히 접근성에 대한 개선이 아니라 소프트웨어를 통해 인간과 사물에 대한 모든 규칙을 만들 수 있다는 의미이다. 블록체인은 3자의 개입 없이 계약서를 저장할 장부이므로 원하는 규칙을 프로그래밍 할 수 있다.

스마트계약은 거래시 A가 조건을 걸어두면 B가 돈을 냈을 때 A가 관여하지 않아도 대가가 제공돼 거래가 성립하는 구조다. 예를 들면 아이에게 용돈을 주면서 자정 이후에는 사용할 수 없게 하거나 모텔이나 유흥업소에서는 사용할 수 없도록 하는 등 다양한 "조건"을 붙일 수 있다.

스마트계약은 대금을 먼저 받으므로 계약 불이행이 발생하지 않는다. 계약이 불리할 경우 파기하는 기회주의적 계약위반도 불가능하게 만든다. 지금도 이더리움 기반의 ICO(Initial Coin Offering : 코인 투자자 모집) 진행 시 "1 이더리움을 투자하면 100토큰을 드립니다."라는 식의 스마트 계약이 실제로 작성되고 있으며 이러한 스마트 계약에 의해 제 3자의 개입 없이 자동으로 토큰을 지급한다.

계약 체결에서부터 입고, 대금지불, 계산서발행까지의 자재 조달 프로세스를 처리하는 블록체인 기반 전자계약 솔루션 사업의 전망이 밝다.

에스토니아 사례 :

에스토니아의 경우 전자정부의 5단계에 들어서 있다. 에스토니아는 이미 행정 자동화를 상당 부분 이뤘다. 그리고 이 전자정부 시스템을 세계 여러 나라에 수출해 GDP의 약 2%의 수익을 올리고 있다. 반면 스웨덴, 네덜란드, 두바이, 싱가포르 등에서는 스마트 계약 기능을 활용해 블록체인의 가능성을 최대한 활용하는 방식들이 시도되고 있다. 그리고 이 중에서 네덜란드, 스웨덴, 두바이는 비록 실험적이고 작은 규모이지만 블록체인 기반 스마트 계약으로 행정 데이터를 처리한 실제 사례를 하나둘씩 만들어내고 있다. 이러한 서비스들이 상용화되면 에스토니아가 지금까지 쌓아온 블록체인 활용 기술과 전자정부 시스템의 시장가치가 하락할 수밖에 없다. 또 대외적으로도 블록체인 기술이 지나치게 강조되면 자국의 전자정부 시스템 수출에 부정적 영향이 있을 수 있다.

에스토니아 입장에서 더 큰 문제는, 에스토니아는 이미 상당한 수준에 이른 행정 자동화 시스템을 버리고 블록체인과 스마트 계약 기반 행정 시스템을 새로 도입하는 게 엄청난 부담일 수밖에 없다는 점이다. 따라서 이들은 현실적으로 그리고 전략적으로라도 블록체인 기술에 유보적 태도를 취할 수밖에 없다. 반면 에스토니아 이외의 국가들은 행정자동화 작업이 그다지 많이 진행되지 않았다. 따라서 행정 자동화에 유력하게 사용될 수 있는 잠재력 있는 기술이 등장했는데, 굳이 기존 기술을 활용할 이유가 크지 않다. 블록체인 기술의 잠재성이 확인된 2017년 이후 전 세계 수십 개국 정부가 앞다퉈 블록체인 기반 행정 시스템 구축에 나선 이유다.

미래의 관점에서 본다면 전자정부 시스템 구축 및 행정 자동화는 블록체인 기반으로 하는 것이 맞을 것이라고 본다. 블록체인과 정부 시스템은 둘 다 신뢰의 문제를 다루고, 정해진 프로토콜대로 작동해야 한다는 측면에서 찰떡궁합이다. 물론 대용량 데이터 저장이나 개인정보 및 기밀문서 취급에서는 기존의 전통적인 클라이언트-서버 방식과 블록체인 기술의 효과적 결합이 필요하다. 그런데도 새롭게 전자정부 시스템을 구축하고 행정 자동화 작업을 진행한다면 그 근간은 블록체인 기술이 될 수밖에 없다. 따라서 에스토니아는 블록체인 기반의 행정 자동화가 본격화되는 5~10년 사이에 전자정부와 관련된 새로운 도전 상황에 직면하게 될 것으로 본다.

1.2. 투표

현존하는 정치 제도 중에서 국민의 의사를 가장 효과적으로 반영하는 방법은 직접투표다. 그런데 직접 투표를 하려면 시간과 비용이 만만치 않다. 하지만 블록체인 기술을 이용하면 시간이나 비용을 획기적으로 줄일 수 있다. 경기도의 경우는 2017년 2월 23일 주민 제안 공모사업에 주민 8,000명이 직접 참여하는 블록체인 투표를 통해 업체를 결정하였다.

사업 발표 내용을 스마트폰을 통해 직접 듣고 블록체인 모바일 투표를 진행하여 간접 선거 시 일어나는 정보 부재나 담합, 이권 청탁이나 개입 등 간접선거의 폐단을 모두 없앴으며 비용 또한 거의 들이지 않고 주민 모두가 참여하여 신속하고 투명한 의사결정을 내렸다. 이러한 사례에서 보듯이 블록체인을 활용한 투표는 미래에 국민 모두가 참여하는 직접민주주의 구현에 지대한 공헌을 할 것이다.

에스토니아는 아직 우리나라에서 시도도 못 하는 전자신분증 제도와 전자투표 시스

에스토니아 전자영주권(e-Residency) 발급센터

템을 각각 2002년과 2005년 도입했다. 2012년부터는 정부 운영 시스템에 블록체인 기술을 적용했다.

2014년에는 전자영주권(E-Residency) 프로그램을 시행해 자국민이 아닌 글로벌 시민들이 에스토니아에서 은행 계좌를 개설하고 기업을 설립해 사업을 할 수 있도록 했다. 4년 차에 접어든 지금 전 세계 154개국, 약 4만 명이 에스토니아 전자 영주권을 받았고, 이들 중 약 6000명이 에스토니아에 기업을 차렸다. 정부가 제도 하나로 전 세계에서 6천여개 스타트업을 끌어들인 것이다.

에스토니아 전자영주권 카드

디지털 아이덴티티 카드(Digital Idenitiy Card)를 발급받으면 해외에서도 온라인으로 법인을 설립할 수 있고 계좌도 만들 수 있다. 100유로(14만원)의 신청금과 소정의 유지비를 내면 특별한 하자가 없으면 한 달 정도 지나 발급해준다.

온라인으로 창업하면 가상주소를 부여하고 일반 회사처럼 세제혜택이나 행정 서비스를 부여한다. 국가 이미지도 높이고 실리도 챙기는 '꿩 먹고 알 먹고'인 셈이다. 다만 비자(90일 무비자)나 체류영주권, 다른 EU 국가로의 입국권과는 전혀 관련이 없다.

지난번 에스토니아 4차 산업혁명 선진지 견학 시 브리핑을 해주었던 '애나'는 우리에게 에스토니아의 전자정부 서비스를 보여주기 위해 자신의 E-ID로 접속해 개인 페이지를 열었다. '애나'의 모든 개인정보가 일목요연하게 펼쳐졌다. 주소, 부동산 관련 내역,

차량 번호, 의료기록, 건강보험 기록 등과 더불어 심지어 반려동물 정보까지 있었다. 이렇게 한곳에 모인 개인 정보는 X-road라는 디지털망에 연결된 정부 서비스와 민간 서비스와 연동돼 행정 서비스 자동화가 가능하다.

운전 면허증 갱신을 예로 들어 보자. 갱신 시점이 임박했음을 알리는 메일을 받아서 메일에 적힌 링크를 클릭해 운전면허 갱신 웹사이트에 들어간다. 거기서 몇 가지 정보만 입력하면 운전면허 갱신 작업이 끝난다. 5분이면 충분하다. 연말정산 및 세금 납부 시에도 정부 시스템에 로그인해 은행사, 카드사, 보험사 등이 가진 개인정보 가운데 국세청에 제공할 정보에만 체크하면 끝이다. 나머지는 시스템이 알아서 처리한다. 투표도 온라인으로 가능하다. 2017년 있었던 선거에서 온라인으로 투표에 참여한 비율은 31.7%였다. 또한 에스토니아 금융거래의 99%, 세금 신고의 95%가 온라인으로 이뤄지고 있다. 이 모든 행정 자동화 과정에 에스토니아의 전자신분증 E-ID가 사용된다.

에스토니아 국민들은 E-ID를 통해 정부 및 민간 서비스에 접속할 수 있고, 약 2,600가지의 행정 업무를 온라인으로 처리할 수 있다. E-ID만 있으면 운전면허증도, 자동차 보험증도 가지고 다니지 않아도 된다. 모든 개인정보가 E-ID에 연결돼 있기 때문이다.

에스토니아는 결혼과 이혼, 부동산 거래를 제외한 모든 행정 업무를 온라인화 했다. 결혼과 이혼, 부동산 거래는 온라인화하지 못해서가 아니라, 이 세 가지는 직접 대면해서 처리해야 할 업무로 분류했기 때문이다. E-ID를 통해 공문서를 발급받거나 행정절차를 밟을 때처럼 대부분의 정부 서비스를 전자서명만으로 처리할 수 있다.

국민의 80% 이상이 인터넷을 사용한다. 노인 등 소외층도 맞춤형 교육을 받아 인터넷에 익숙한 편이다. 정부에서 지원금이나 연금을 받거나 보험금을 탈 때도 전자서명으로 가능하다. 정부기관끼리도 정보공유가 비교적 잘돼 있다. 자연스레 막대한 사회적 비용을 줄이며 국내총생산(GDP)의 2%를 절감했다고 에스토니아 정부는 보고 있다. 소련 시절 심했던 공무원의 비효율과 부정부패도 급감했다.

미국 사례 :

미국은 여러 가지 원장 애플리케이션을 연구하고 있다. 2017년 1월 FDA는 IBM 왓슨 헬스와 2년간의 공동 개발 협약을 체결하여 환자 데이터를 안전하게 공유하고자 블록체인을 사용하는 방법을 모색했다고 발표했다. 이 협력은 건강 데이터 처리에서 투명성과 보안의 부족을 다루는 것을 목표로 하고 종양학 관련 데이터에 대한 테스트에서 시작됐다. 그런 다음 2018년 6월 트럼프 정부는 매우 다른 블록체인 재판을 발표했다. 국토안보부(DHS)는 국경수비대 카메라 및 센서에서 수집한 데이터를 보호하고자 블록체인 기능을 테스트하기 위해 팩톰(Factom)이라는 신생업체에 미화 19만 2,380달러의 보조금을 지원했다.

덴마크 사례 :

2014년 덴마크 정당인 자유당은 세계에서 블록체인 기술을 사용하여 투표한 최초의 주요 정당이 되었다. 자유당은 덴마크에서 3자 연립 정부의 일부를 구성하고 코펜하겐 근교의 연례 회의에서 보유하고 있는 내부 선거를 강화하기 위해 계속해서 블록체인을 사용하고 있다.

두바이 사례 :

두바이는 2020년까지 블록체인을 사용하여 모든 거래를 수행하는 세계 최초의 정부가 되고 싶어 한다. 에미레이트 항공은 비자 신청, 청구서 지불, 면허 갱신, 기타 문서를 블록체인에 추가하면 문서 처리에만 연간 55억 다르함(1조 6821억 원)을 절약할 수 있다고 추정한다. 또한 여행 감소로 인해 최대 114메가톤까지 이산화탄소 배출량을 줄이고 최대 2억 5,100만 시간의 경제적 생산성을 재분배할 수 있게 된다.

스위스 사례 :

스위스의 도시 추크(Zug)는 유럽의 주요 블록체인 지지자 중 하나다. 추크는 이미 공공서비스 이용료를 암호화폐로 낼 수 있도록 허용하고, 블록체인에 구축된 ID 등록을 디지털화했으며 최근에 전자투표 테스트를 마쳤다. 추크는 커스터마이징 가능한 블록체인 기반 전자 투표 시스템을 개발하기 위해 루체른응용과학대학 및 소프트웨어 업체인 룩소프트(Luxoft)와 제휴했다. 이 시스템은 추크의 이더리움 기반 디지털 ID 등록 애플리케이션과 통합돼 있다. 투표는 익명으로 할 수 있고 변조할 수 없도록 방지되며 시스템은 지리적으로 보안 및 데이터 손실 위험을 분산하도록 세 군데의 데이터센터에 배포된다. 룩소프트는 플랫폼을 오픈소스로 삼아 공공 기관에서 블록체인 사용 사례를 장려하고자 정부 얼라이언스를 위한 블록체인을 설립할 예정이다.

1.3. 은행

블록체인이 은행에 미칠 영향력은 인터넷이 미디어에 미칠 효과 보다 훨씬 충격적이라고 한다. 블록체인은 고가의 서버와 많은 은행 직원도 필요 없고, 인터넷 환경이 좋은 나라뿐 아니라 제3세계 사람을 모두에게 양질의 금융 서비스를 제공해 줄 수 있는 금융의 혁신이다.

은행은 메인프레임 컴퓨터가 도입된 1950년 후반부터 IT에 의존해왔다. 그러나, 핀테크 라는 용어는 2013년이 되어서야 유행했다. 인터넷이 늘 은행 업무에서 핵심적인 역할을 했음에도 불구하고 은행이 인터넷을 기반으로 이룬 혁신은 그다지 많지 않았다.

블록체인으로 경쟁력 있는 서비스를 제공하는 핀테크 기업이 늘어날 것이다.

에스토니아 나 스웨덴의 경우도 기존 은행을 대신할 핀테크 은행이 생겨나서 인기를 얻고 있다. 은행은 인터넷을 받아들인 속도보다 더 신속히 블록체인을 도입해야 한다.

신한은행은 자체 기술로 금리파생상품 거래에 블록체인의 스마트 계약을 도입하고 거래 과정에서 발생할 수 있는 정보의 불일치를 원천 차단하는 데 성공했다고 발표했다.

KEB하나은행은 국내 최초로 블록체인을 활용한 글로벌 페이먼트 허브 작업에 착수했다. 이를 통해 하나은행은 '디지털자산 네트워크 플랫폼(GNL)'을 구축해 은행, 결제 사업자 등 글로벌 플레이어가 국가 경계 없이 결제 및 송금할 수 있는 블록체인 기반 플랫폼을 구현했다.

이 플랫폼을 이용하면 나라별 계좌, 전자지갑에 있는 금액 입금, 출금은 물론 송금, 결제까지 거래 내역을 블록체인 원장에 기록할 수 있다.

1.4. 보험

재보험 같은 이해 당사자의 관계가 복잡한 계약의 운영이 훨씬 투명해지고 전 과정을 효율적으로 관리할 수 있다. 생명보험인 실손 보험의 경우 본인 인증을 통한 보험 자동 청구가 가능하며 손해보험 회사와 은행, 증권사 등의 연결로 보험금 지급 및 보험 정보 관리에 효율성과 신뢰성을 향상시킬 수 있다.

블록체인을 활용하면 실손보험금 가입자가 병원에서 진료비를 수납하면 병원과 보험사가 진료기록을 실시간으로 공유하여, 서류제출 없이 자동으로 보험금 청구가 이루어질 수 있다.

1.5. 콘텐츠

블록체인을 사용하면 디지털 콘텐츠의 소유권을 확보할 수 있으므로 개인이 제작한 음원이나 영상을 멜론이나 유튜브 같은 사이트를 통하지 않고 직접거래가 가능하다.

읽을 수 있지만 아무도 변경할 수 없는 블록체인 기술에서, 이를 활용하여 투명하고 공정한 서비스를 제공하면서 양쪽 모두에게 원하는 바를 충족시킬 수 있는 플랫폼을 만들 수 있다.

신뢰도(정보의 사실성, 투명성, 보안성)의 문제, 사용자 자산의 가치가 보장되지 않는 문제, 콘텐츠 중개거래 과정에서의 사기와 과도한 수수료 문제 등을 블록체인은 기존 중앙화 된 시스템을 컴퓨팅 네트워크의 분산화 된 구조로 재구성함으로써 새로운 가능성이 보인다.

1.6. 부동산

부동산 정보는 데이터의 신뢰성이 무엇보다 우선이 되어야 한다. 따라서 한 사람이 올린 정보를 여러 사람이 검증한 후 공식 정보로 등록되는 블록체인의 기술은 가장 최신의 정보를 신속하고 정확하게 유지할 수 있으며 거래내역은 물론 수리내역 시세 등이 항상 최신 상태로 유지될 수 있다. 또한 P2P(개인과 개인 간의 소통) 방식이므로 부동산 포털 서비스처럼 거대한 서버를 유지할 필요가 없어 수수료가 낮다.

블록체인 활용 부동산 거래

제주도는 위조나 변조할 수 없는 안전한 부동산 거래를 위해 블록체인 기술을 기반으로 한 부동산 종합 공부시스템을 2019년 1월부터 도입한다.

이 시스템은 블록체인 기술을 활용해 종이 증명서가 아닌 데이터 형식의 부동산 정보를 실시간으로 주고받을 수 있게 한다. 예를 들어 부동산을 담보로 제공하고 대출을 받을 때 신청자가 부동산 관련 증명서를 제출하지 않아도 은행 담당자가 블록체인 기술이 적용된 정보를 확인해 대출을 실행할 수 있게 된다.

1.7. 중고차

판매자와 구매자의 정보가 확연히 다른 곳이 중고차 매매시장이다. 중고차 구매자 대부분이 차량에 대한 정보가 없어 중개인에게 의존할 수밖에 없는 구조를 갖고 있다. 이러한 중고차 거래에 블록체인 기술을 사용하여 차량이 판매되는 순간부터 폐차되는 순간까지의 모든 정보를 기록한다면 중개인 없는 중고차 거래가 가능하다.

4차 산업혁명 기반 기술 블록체인은 중고차에 대한 정보 불균형을 단번에 해소할 기술로 여겨지며 아직 상용화가 멀었음에도 안팎의 뜨거운 관심을 받고 있다. 동시에 기술 도입의 성공 여부가 향후 중고차 시장의 판도를 좌우할 정도로 파급력이 크다는 점에서 주목도가 높다.

중고차 매매시스템에 블록체인을 도입하는 데 가장 적극적인 곳은 서울시다. '블록체인 선도 도시'를 선언한 만큼 신기술 적용으로 저신뢰 시장인 중고차 업계의 신뢰도를 끌어올리겠다는 것이다. 서울시는 블록체인을 접목한 14개 선도사업으로 시민 생활과 직결된 공공서비스를 혁신하겠다는 내용을 골자로 한 5개년(2018~2022년) 계획을 발표했다. 여기에 '중고자동차 매매 신뢰체계 구축' 사업이 담겼다.

1.8. 의료

병원에서 진료를 받으면 각종 검사는 물론 진단, 진료, 처방 등 의료 정보가 발생한다. 하지만 그 정보가 본인 것임에도 불구하고 병원 중심의 폐쇄적인 의료시스템 때문에 공유하기 어렵다. 또한 환자와 의료기관 건강보험 등이 따로따로 정보를 관리함으로 검사뿐 아니라 비용도 2~3중으로 지불되고 있다. 또한 본인의 의료 정보지만 정작 본인은 정확히 알지 못해 부정확한 처방이력이나 정보를 의사에게 전달함으로써 진단 및 처방의 어려움을 겪고 있다. 하지만 블록체인 의 특징인 신뢰성과 보안성이 의료시스템과 결합하면 개인의 의료 정보의 위변조 및 유출을 막을 수 있고 병원 중심의 의료시스템을 환자 중심의 정보로 바꿀 수 있어 의료계에 새로운 혁신이 일어난다. 예를 들면 블록체인 강국 에스토니아에서는 앰뷸런스를 부르는 순간 전자 주민번호를 확인하고 이에 따른 병에 대한 이력을 모두 조회 한다.

E-Ambulance 이라는 블록체인 시스템으로 환자를 관리 한다.

태어나자마자 발급되는 E-ID에 담긴 의료 데이터는 IC칩에 블록체인 암호화 기술이 적용돼 위·변조를 막고 있다. E-ID는 2002년 도입됐지만 디지털 건강기록 시스템은 2010년부터 가동에 들어갔다. 보안을 강화하기 위해 에스토니아 E-건강재단이 블록체인 기술을 도입한 것은 2016년이다. 공개키기반구조(PKI)를 통해 데이터의 크기를 축약한 고유 값 등을 블록마다 저장하는 식이다. 거의 대부분의 의료 데이터가 저장돼 의사가 효과적으로 환자를 맞을 수 있다. 구급차와 병원이 연결되면 의식을 잃은 환자의 정보를 호송하는 단계에서 병원이 파악할 수도 있다. 의사가 처방을 내리면 약국에서 E-ID만 보여주면 된다. 병원 간에도 의료 데이터를 공유하지 않는 우리와 대조적이다.

에스토니아 국가 기간망인 X-Road는 2012년부터 차례차례 X-Road 에 연결된 정부 서비스들에 블록체인 기술을 적용해 왔다. 예를 들면 전자 건강관리 기록(E-Health Record), 처방전 데이터베이스(E-Prescription database) 등이다.

우리나라 병원은 대부분 종이로 출력한 처방전을 환자에게 준다. 이 종이를 들고 약국에 가서 내밀면 약국은 이 처방전을 스캔한 다음 건강보험공단에 접수한다. 하지만 에스토니아는 2010년 도입한 전자처방전 E-prescription을 활용하고 있다. 또한 에스토니아 정부는 만성질환의 유전학적 원인을 밝혀보려고 2018년 8월 기준, 5만 2,000명의 유전자 데이터를 확보한 상태다. 2022년까지 전 인구의 3분의 1이 넘는 최대 50만명에 대한 게놈 분석을 할 예정이다. 채취한 샘플은 타르투 대학에 있는 에스토니아 게놈센터에 보관하고 있다. 전 국민의 건강 기록을 디지털화 해놓았으므로 새롭게 수집한 유전자 정보를 더하면 다른 어떤 나라에서보다 효율적인 질병 치료가 가능할 것이다.

블록체인 기술이 중요하다는 것은 누구나 알지만, 정작 어떻게 활용해야 하는지 모르고 있다.

결혼 이혼, 부동산을 제외한 99% 행정이 디지털로 이루어지는 나라 에스토니아 전자신분증 부터 스마트시티까지 거의 모든 것이 블록체인 철학을 바탕으로 만들어지고 있다. 블록체인을 가장 효율적이고 똑똑하게 현실화한 나라 에스토니아를 벤치마킹 하여야 한다.

국내에서도 블록체인 기술을 의료분야에 적용하려는 연구가 본격 가동을 시작했다. 과학기술정보통신부 산하 한국정보화진흥원(NIA)과 분당서울대병원이 주도하고 있는 코렌(KOREN) SDI 기반 블록체인 기술을 이용한 의료정보 유통 실증 연구 및 의료 네트워크 연구 협의체가 이를 주도한다. 이 네트워크에는 서울대, 연세대, 차의과대, 이화여대 등 대학과 미소정보기술, 신테카바이오, 씨이랩, 웰트 등의 기업이 공동으로 참여한다. 블록체인 기반의 환자중심 헬스케어 플랫폼을 개발 중인 스타트업 메디블록이 과제 위탁기관을 맡았다. 블록체인 기술이 헬스케어 분야에서 주목받는 건 그동안에는 환자 자신의 의료데이터인데도 정작 관리의 주체는 환자가 아니었다는 점 때문이다.

전문가들은 블록체인 기술을 도입하면 의료데이터의 주권을 개인에게 돌려줄 수 있다고 본다. 이를 통해 개인건강기록(PHR) 형태로 개인별 저장도 가능하다는 전망이다. 또 의료데이터의 유통과정에서 발생할 수 있는 보안 문제도 해결이 가능해질 것으로 예상한다. 우선 올해 안에 코렌망에 기반한 블록체인 서버를 구축하고 의료데이터 유통과 보안검증까지 끝낸다는 방침이다.

코렌망은 한국정보화진흥원이 지난 1995년부터 국내외 주요 연구기관들의 망과 연동해 운영 중인 연구용 네트워크다. 이 네트워크에 블록체인 기술을 접목하면 개인건강기록을 안전하게 유통하기 위한 플랫폼을 보편화하는 것은 물론 병원별로 이뤄져 낭비되는 국내 진단검사 비용을 최대 20% 가까이 절감할 수 있을 것으로 협의체는 기대한다.

블록체인은 의료 산업의 서로 다른 영역에 공통적인 도움을 줄 수 있다. 질병통제예방센터는 위협적인 병원체에 대한 데이터를 공유하고 질병 발생을 분석하며 공중보건 위기에 대응할 수 있는 블록체인 기반 시스템을 개발하고 있다. 일부 학자들은 블록체인 시스템이 오피오이드(Opioid, 마약성 진통제) 사용과 남용을 추적하는데 도움을 줄 수 있다고 말한다.

임상실험 분야도 블록체인의 도움을 받을 수 있다. 오늘날 임상실험과 관련된 모든 사람들의 단편적인 데이터와 비효율적인 의사소통은 심각한 문제를 야기하고 있다. 블록체인은 신약 발견과 개발 프로세스에도 도움을 줄 수 있다. 제약회사들은 현재 의약품 발송과 배송 업무를 비효율적인 분사된 데이터베이스에 의존하고 있다. 2017년에 화이자와 여타 제약회사들은 월마트가 식품 발송을 추적하기 위해 이미 사용하고 있는 블록체인 시스템을 이용한 메디레저(Medi Ledger) 프로젝트를 지원할 것이라고 발표했다. 메디레저 프로젝트는 모조의약품으로부터 의약품 공급망을 지키기 위한 이더리움 기반의 블록체인 플랫폼이다.

유럽은 보건 분야에서 블록체인 기술을 사용하려는 몇 가지 실례와 가이드를 제공한다. 2016년 유럽연합은 개인정보 회사와 선도적인 대학 연구소와 함께 유럽 전역의 의료 기관과 개인 환자들의 의료 정보를 수집하고 공유할 수 있는 블록체인 시스템을 구축했다.

스웨덴은 이와 유사한 협력 방식을 이용하여 최근 케어체인(Care Chain)이라고 부르는 상호 호환이 가능한 블록체인 의료 정보 플랫폼을 출시했다.

케어체인은 아무도 소유하지 않고 통제하지 않는 인프라로 알려져 있다. 회사와 개인들은 이 시스템을 이용하여 서로 다른 출처의 의료 정보를 저장할 수 있다. 개발자들은 이 시스템을 이용하여 정보에 접근할 수 있는 앱을 개발하고 사용자들의 데이터를 분석하여 건강 향상에 도움을 주는 팁과 아이디어, 상품을 개발할 수 있다.

1.9. 유통

유통 비즈니스 모델도 변화시키고 있다. 예를 들면 예전에는 동네 곳곳에 보이던 사진관들이 대부분이 지금은 사라지고 없다. '왜 그럴까' 이제는 굳이 사진을 인쇄해서 유통시킬 필요가 없어졌기 때문이다. 즉, 페이스북, 인스타그램 등 소셜 네트워크서비스가 유통의 기능을 대체하고 있다.

과거 사진관에서 인화한 다음 개인적 또는 상업적 목적으로 사용하던 사람들이 이제는 소셜 네트워크서비스를 통해 공유하는 비즈니스모델로 바뀌게 된 것이다. 또한 예전에는 외국의 유명 브랜드 옷을 인터넷 쇼핑몰에서 주문했을 경우 짧게는 2주 길면 4주가 넘게 걸려 배송이 되었다. 제조를 전담하는 외국 국가로 통보되어 만들어 진 후 배로 운송하여 고객의 집에까지 오는 시간이 그 정도 걸리기 때문이다. 그러나 이제는 블록체인 인터넷망으로 연결된 모든 제조, 유통, 판매 사업자들은 고객이 자신의 컴퓨터나 모바일로 클릭을 하는 순간 배송을 위한 준비를 시작 한다. 블록체인 디지털기술을 활용 하여 수 일안에 고객 앞에 제품이 배달된다. 블록체인으로 인한 유통혁명으로 백화점 및 면세점 등도 비지니스 모델을 변경해야 할 것이다.

1.10. 미래직업

블록체인 기술의 발달로 일거리가 줄어들 것으로 예상되는 직종으로는 공인중개사, 세무사, 변호사, 증권회사 직원, 은행직원 등이다. 반면 새로운 블록체인 관련된 직업으로 생겨날 것으로 예상되는 것들은 블록체인 소프트웨어 엔지니어, 블록체인 개발자, 블록체인 프로젝트 매니저, 공인 블록체인 전문가, 블록체인 법률 컨설턴트 및 변호사, 블록체인 최고 운영책임자(COO), 블록체인 품질 엔지니어, 블록체인 데이터 과학자, 블록체인 연구 분석원 등이다.

그 중에서 몇 가지를 자세하게 살펴보자.

블록체인 인턴

대부분의 회사가 블록체인 분산원장 솔루션의 테스트 단계에 있기 때문에 초급 수준의 직위를 가진 사람에게는 블록체인기술을 개념 증명할 수 있는 업무가 많다고 한다. 예를 들어 프라이빗 블록체인 또는 Linux와 같은 오픈소스 플랫폼을 기반으로 하는 블록체인 분산원장을 설계하고 개발하는 일을 담당하게 된다.

블록체인 프로젝트 관리자

블록체인 프로젝트 매니저(Blockchain Project Managers)는 블록체인 프로젝트의 실행을 계획하고 감독하는 일을 한다. 기업은 비즈니스 프로세스에 최적화된 블록체인 솔루션을 개발해야 하기 때문에 솔루션 개발을 위한 요구사항을 정확하게 소통하는 것이 중요한데, 이런 역할을 블록체인 프로젝트 매니저가 담당한다.

프로젝트 매니저는 회사의 요구사항을 개발회사에 기술언어로 전달 할 수 있어야 하고, 역으로 블록체인 개발자의 기술언어를 회사에 잘 설명할 수 있어야 한다.

블록체인 개발자

블록체인 개발자(Blockchain Developers)는 가장 인기있는 직업으로 향후 아주 좋은 경력이 될 것이다. 블록체인을 활용해 고객에게 더 나은 서비스를 제공하고 사업의 효율성을 높일 수 있는 방법을 구현해내는 사람으로 주로 블록체인 공간에서 실행하려는 프로그램 코드를 작성한다.

블록체인 품질 엔지니어

블록체인 품질 엔지니어(Blockchain Quality Engineer)는 블록체인 개발의 품질을 책임지는 역할을 한다. 즉 자동화 프레임워크 및 테스트, 매뉴얼 테스팅 및 대시보드 등이 모바일, 웹, 플랫폼에서 기능상에 문제가 없는지 알아보고 동작의 특성 등을 파악한다. 또한 성능실험을 자동화하기 위한 전략을 세우고 이를 구현해내며, 품질보증(QA) 자동화 테스트의 표준을 마련한다.

블록체인 법률 컨설턴트 및 변호사

블록체인을 이용한 새로운 비즈니스가 계속 개발되고 그 범위가 확대되면서 기업들의 법률자문도 증가하게 된다. 블록체인 기술 구현의 법적 측면에 대한 컨설팅, 토큰 판매에 필요한 법률 문서 작성, 크립토 통화 및 결제에 대한 에스크로 서비스(디지털 지갑의 서명자 중 한 명의 역할) 등 다양한 법률 검토가 필요하기 때문에 앞으로도 성장할 것으로 보인다.

블록체인 엔지니어

앞서 언급한 블록체인 개발자(Developer)와 엔지니어(Engineer)를 혼용해서 쓰기도 하는데, 굳이 구별을 하자면 엔지니어가 더 포괄적인 의미이다.

개발자의 주요 업무가 설계, 코딩, 프로젝트 관리 등이라면 엔지니어의 업무는 설계, 개발, 유지보수, 테스트, 평가, 교육 등 그 범위가 보다 포괄적이다. 블록체인 엔지니어

금융 분야	의료 분야	콘텐츠 분야
· 비상장 주식 거래 · 실손 보험금 청구	· 개인 의료정보 관리 · 유전체 정보 공유	· 디지털 음원 유통 · 사진 저작권 관리
공공 분야	물류·유통 분야	에너지 분야
· 전자증명서 유통 · 온라인 투표	· 개인 통관 · 다이아몬드 유통	· 이웃 간 전력 거래 · 전기자동차 충전

블록체인 활용 분야

는 특정 블록체인 툴에 대한 높은 수준의 기술을 갖춰야 한다.

블록체인은 위에 열거한 내용 이외에 보안, 보증, 에스크로, 전자상거래, 지적 재산권, 주식거래, 클라우드 서비스 등 다양한 분야에 획기적인 변화를 가져올 수 있다.

4차 산업혁명과 블록체인을 선도하는 국가와 기업이 세계 경제를 석권할 것이다. 이 때문에 구글, 애플, 페이스북, 아마존 등 디지털 공룡들의 선두다툼이 치열하다.

대한민국의 기업들도 모바일, 통신, 네트워크, 등 세계 어느 나라에 뒤지지 않는 기술력을 가지고 있으므로 도전 해 볼 만하다. 블록체인 산업이 더욱 발전하기 위해서는, 데이터를 분산 저장하고 다수와 공유하는 블록체인 기술 특성상 더 많은 곳에서, 여러 사람이 사용해야 효과가 높다. 또 중앙 집중 업무처리 방식을 벗어나기 위해, 다수 참여자들의 합의도 필요하다. 따라서 다양한 분야에서 블록체인을 접목해보고, 업무절차 개선 및 성과 사례를 발굴해내는 것이 무엇보다 중요하다.

4차 산업 혁명의 핵심,
블록체인과 연결될 기술은 무엇일까?

4차 산업혁명은 2016년 1월 20일 스위스 다보스 포럼에서 처음 언급되었으며 "3차 산업혁명을 기반으로 한 디지털과 바이오산업, 물리학 등의 경제를 융합하는 기술혁명"이라고 설명했다.

1784년 증기 가관을 활용하여 철도, 면사방적기와 같은 기계적 혁명을 일으킨 것을 1차 산업혁명을 시작으로, 1870년대부터 시작된 2차 산업혁명은 1차 산업혁명으로 세워진 공장에 전기가 공급되고 컨베이어 벨트를 이용한 대량생산이 가능하게 되어 일명 전기 혁명이라고도 한다.

3차 산업혁명은 전기에 의한 대량생산 시스템에 컴퓨터와 네트워크가 연결되어 자동화를 통한 대량생산 체계를 갖춤으로써 정보통신기술 혁명이라고 하는데 4차 산업혁명은 정보통신기술의 기반에서 모든 것들이 융합되고 연결되는 것이다.

4차 산업혁명의 핵심은 초연결, 초지능, 초예측 등 세가지 키워드이다. 사람은 물론 사물과 사물들 간의 모든 것들이 서로 연결되는 초연결성과 연결된 것들간의 융합을 통한 초지능(개인용 컴퓨터들이 수백 대가 연결되면 슈퍼컴퓨터 보다 성능이 우수함)을 갖게 되며 연결되고 초지능화 된 것에서 만들어지는 막대한 자료를 분석하고 패턴화하여 인간의 행동을 예측할 수 있는 사회를 4차 산업혁명이라고 하며 4차 산업혁명이 핵심이 되는 몇 가지를 소개한다.

2.1 가상현실(Virtual Reality)

가상현실이란 컴퓨터로 만든 실제와 유사하지만 실제가 아닌 인공적인 기술이다. 이렇게 만들어진 가상의 상황은 사용자의 오감을 자극하여 실제와 유사한 공간적 시간적 체험을 할 수 있게 함으로서 현실과 상상의 경계를 자유롭게 드나든다. 예를 들면 피트니스 클럽에 다니는 것은 자신과의 싸움으로 강한 의지가 없으면 지속되기 힘들다. 하지만 가상현실을 이용하면 아름다운 이성이든 좋아하는 연예인이 등 본인이 함께 하고픈 사람과 같이 함으로써 지겹고 힘든 운동을 즐겁게 할 수 있도록 한다. 가상현실을 이용하면 차량 운전 연습이나 비행기 조종 훈련 등 조작 미숙으로 엄청난 사고가 발생하는 것들에 대한 피해를 최소화할 수 있다.

가상현실

2.2 증강현실(Augmented Reality)

증강현실이란 가상현실의 한 분야로 실제 환경에 가상의 사물이나 정보를 합성하여 원래의 환경에 존재하는 사물처럼 보이도록 하는 컴퓨터 그래픽 기술이다. 우리가 알고 있는 "포켓몬 고"게임이 증강현실을 이용한 것이다. 식당에 들어가지 않고 스마트폰으로 식당에 몇 명이나 있는지 메뉴를 볼 수 있는 등 증강현실의 이용 분야는 무궁무진하다.

5G 상용화로 가상현실(VR), 증강현실(AR)이 우리 일상 속으로 들어오게 된다. 5G

는 최대 전송 속도가 20Gbps로 4G 롱텀에벌루션(LTE)보다 최대 20배 빠르고, 지연 속도는 1㎳로 LTE 대비 100분의 1에 불과하다. 이는 초광대역, 초저지연, 초연결 세 단어로 요약된다.

영화 한 편을 내려 받는데 불과 몇 초만 걸리는 5G 시대는 우리나라뿐만 아니라 전 세계에서 동시 다발로 시작될 예정이다. 미국도 AT&T, 버라이즌, 티모바일, 스프린트 등 미국 주요 이통사는 모두 올해 상반기 안에 5G 서비스를 시작한다.

증강현실

국내 이통 3사는 최근 VR·AR 기술을 활용한 실감형 미디어 서비스를 앞 다퉈 출시하고 있다. 최근 축구선수 손흥민이 출연한 VR 광고처럼 VR와 AR가 5G 상용화 초기 고객의 눈길을 잡아끌 킬러 콘텐츠가 될 것으로 주목받기 시작했다. 이통 3사는 영화와 예능 콘텐츠를 360도로 즐길 수 있는 VR 영상, 가상공간에서 동영상을 띄워 친구와 함께 보는 소셜 영상, 스포츠 경기 VR 생중계 등 고객 취향을 저격하는 서비스 등을 선보이며 5G 시대에 우위를 점하겠다는 의지를 보이고 있다.

2.3 빅 데이터(Big Data)

빅 데이터는 말 그대로 소프트웨어 수용의 한계를 벗어날 정도의 큰 데이터를 말한다. 데이터의 크기를 정하는 단위는 바이트, 킬로바이트, 메가바이트, 기가바이트, 테라바이트, 페타바이트, 엑사바이트, 제타바이트, 요타바이트, 브론토 바이트 등이 있는데 테라바이트(1,000,000,000,000 byte) 이상 거대한 데이터를 생성, 수집, 분석하면 미래를 정확하게 예측할 수 있으며 정치, 경제, 사회, 문화, 과학 등 모든 영역에 가치 있는 정보를 제공할 수 있다.

최근 빅데이터는 4차 산업혁명의 원유로 평가받고 있으며, 데이터의 중요성이 크게 대두되어 정부는 마이데이터, 데이터바우처, 데이터거래소 등의 사업에 총 10조에 가까운 예산을 배정하고 있다.

미국·영국 등 해외에서는 빅데이터로 이익을 창출하고 있다. 민간과 공공 가리지 않고 빅데이터 활용에 적극적이다. 미국을 비롯해 영국·싱가포르와 유럽연합(EU) 등 이미 많은 국가에서 빅데이터를 활용한 공공분야 정책 활동을 펼쳤다.

빅데이터 적용 초기에는 보건·의료·치안 등 분야에서 활용되다가 점차 국가전략·정치 등 광범위한 분야로 확산됐다. 공공데이터를 적극 개방해 사용하는 것은 물론 SNS 등 비정형 데이터도 활용하는 추세다. 미래 범죄를 예측하는 '예측 치안'과 오픈된 공공데이터 활용이 대표적 예다.

빅데이터

2.4 사물 인터넷(Internet of Thing IoT)

각종 사물에 센서와 통신 기능을 내장하여 인터넷에 연결하는 기술이다. 서로 연결된 사물들이 각자 필요한 데이터를 주고받으며 사용자에게 정보를 제공하거나 사람의 개입 없이 사물들 간의 소통을 한다. 예를 들면 냉장고에 있는 식음료들이 스스로 유효기간을 확인하여 냉장고에 알려주면, 냉장고는 그런 것을 모아 자동 주문을 하는 등 사람의 개입이 없이 사물들 간에 인터넷을 통해 서로 필요한 정보를 주고받으며 소통한다.

서울 서대문구는 이면도로와 긴급통행로 같은 주·정차 금지구역에 사물인터넷(IoT) 카메라 센서를 설치해 불법 주·정차가 감지되면 음성으로 안내하고 영상 이미지를 투사해 차량을 이동시키는 주차관제시스템을 운영하고 있다. 이를 이용해 시스템 구축 이전인 불법 주·정차가 29% 줄어들었다.

개인, 기업 등을 불문하고 IoT 지출이 전방위로 확대되면서 '초연결사회'로의 진입이 가속화할 것이다. 분야별로는 스마트홈, 스마트가전, 홈 자동화 등 일반 가정에서 활용 사례가 급속도로 늘어날 것으로 전망된다.

사물 인터넷

2.5 자율 주행차(Self-driving car)

인간이 운전을 안 하고 자동으로 주행할 수 있는 자동차이다. 2010 구글이 처음 선보인 이후 전 세계 자동차 회사들이 기술 개발에 박차를 가하고 있다. 무인자동차는 주행

속도와 교통자료 등을 효과적으로 관리함으로 써 사람의 실수로 인한 사고를 막을 수 있으며 노인, 아동, 장애인 등 운전을 할 수 없는 사람의 이용도 가능하게 할 뿐 아니라 교통 혼잡으로 인한 시간낭비 주차 공간낭비, 에너지의 낭비를 줄일 수 있는 획기적인 기술이다.

자율 주행차

중국은 베이징, 상하이, 충칭, 우창 4곳에 자율주행차 주행시험장을 세웠다. 중국 정부의 적극적 제도 지원을 보여주는 사례다. 아울러 중국 공신부와 재정부는 '스마트 제조 발전 계획' 일환으로 자율주행차를 혁신 발전 중점 대상으로 지정하고 도로를 개방했다.

일본 정부는 2020년 도쿄올림픽을 앞두고 자율주행 택시 상용화를 위해 다양한 자율주행 관련 지원책을 마련 중이다. 자율주행차 운전자 책임과 의무 범위 등을 확정하고 도로교통법 등 관련 법 개정 일정도 마련했다. 이를 통해 2017년부터 도로 내 자율주행차 실증실험을 진행, 2020년 도쿄올림픽부터 자율주행차를 이용할 수 있도록 할 계획이다. 일본 정부는 도쿄올림픽 선수촌과 경기장이 위치할 도쿄 임해부와 나리타공항 사이를 무인버스나 무인택시로 이동하는 것을 구상하고 있다.

자동차 종주국 독일 정부는 자율주행 연구와 인프라 구축에 여러 지원책을 내놓았다. 먼저 자율주행 라운드테이블을 통해 '자동화와 네트워크 운전 전략' 입법안을 통과 시켰다. 자율주행 라운드테이블은 정부와 협회, 보험 및 연구기관 등이 참여하는 단체다. 법적 기반도 조성했다. 독일 연방의회는 2017년 완전 자율주행차 운행을 허용하는 도로교통법 개정안을 의결했다. 이로써 인간 차량 운전자와 자율운전시스템(컴퓨터)이 법적으로 동격으로 인정받게 됐다. 자동 운전 모드로 있을 때 차 사고가 발생하면, 사고 책임을 제조사가 지도록 했다.

2.6 인공 지능(Artificial Intelligence AI)

인간이 할 수 있는 사고, 학습, 자기계발 등을 통해 지식을 습득하고 이를 활용하는 컴퓨터 정보기술의 한 분야로, 컴퓨터가 인간의 지능적인 행동을 모방할 수 있도록 하는 것이다. 이세돌과 바둑 대전을 벌인 "알파고"나 원본 사진은 무제한 업로드가 가능하도록 한 "구글 포토"등이 인공지능을 활용한 대표적인 사례이다.

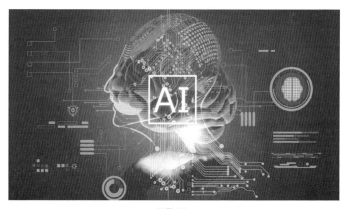

인공 지능

AI는 블록체인과 결합하기 시작했다. 2018년에는 AI 컴퓨터를 활용한 블록체인 기술 제공 스타트업들이 생겨나기도 했다. 이 회사들은 탈중앙화된 훈련용 데이터를 인공지능 알고리즘에 주입하게 해주는 서비스나 감사 로그, 데이터 레이크(Data Lake)를 블록체인을 통해 교환하는 서비스를 제공하고 있다. 하지만 아직 일부에서 국소적으로 실험되고 있는 수준에 있을 뿐이다.

인공지능과 블록체인의 결합은 이제 막 연구되기 시작한 분야다. 2019년에는 AWS, 애저, 구글 클라우드 플랫폼, IBM 클라우드와 같은 주류 공공 클라우드 업체들이 블록체인과 AI의 결합을 시도하는 스타트업들을 인수하기 시작할 것으로 보인다. 그렇게 함으로써 자신들의 인공지능 기반 서비스들을 강화시켜 나갈 것이다.

2.7 온라인 기반 오프라인 서비스(On-line To Off-line O2O)

온라인과 오프라인을 결합한 실시간 정보 공유 비즈니스 모델을 말한다. 과거에는 온라인 시장과 오프라인 시장을 분리하였다. 하지만 요즘은 "직방", "배달의 민족", "카카오 택시" 등 온라인으로 실시간 정보를 공유하고 오프라인에서 활용하는 온라인과 오프라인이 융합한 상품이 각광을 받고 있으며 이런 비즈니스 모델이 대거 등장하고 있다.

온라인 기반 오프라인 서비스

이마트24 편의점이 'O2O'(Oline to Offilne, 온라인과 오프라인을 연결한 마케팅) 서비스로 차별화하는 O2O 서비스를 시작했다. 이마트24 모바일 어플리케이션(앱)을 통해 상품을 구매하면 이를 원하는 매장에서 찾아가는 식이다.

2.8 핀테크(Financial Technology Fin Tech)

기계, 철강, 화학, ICT 등 다양한 산업을 숨 쉬게 하는 것이 금융이다. 금융은 사람의 신체로 이야기하면 혈관과 같다. 금융이 돌고 돌며 영양소를 공급해야 산업이 활기를 띨 수가 있다. 3차 산업 혁명까지 금융은 전통적인 방식을 유지했다. 하지만 4차 산업 혁명과 함께 금융에도 새로운 파도가 거세게 일고 있다.

세계를 대표하는 금융 메이커 월스트리트가 실리콘밸리 때문에 긴장하고 있다. 실리콘 밸리의 창업 기업들이 금융을 잠식할 우려 때문이다. 대표적으로 교보생명은 블록체인을 활용한 소액보험금 자동지급 시스템을 개발하고 있다. 실손보험은 소액 지급이 많은 반면 청구 빈도가 높아 소비자가 일일이 보험사 측에 보험금을 청구하기도 번거롭고, 보험사 입장에서도 수많은 보험 청구를 하나 하나 심사하고 보험금을 지급하는 데에 불필요한 노력과 비용을 지출하고 있었다. 그러나 블록체인에 기반한 '실손보험금 자동청구 시스템'이 도입되면, 고객이 보험금을 청구하지 않아도 병원비 수납내역 등 기존의 정보를 활용해 자동으로 보험금을 지급받을 수 있게 된다.

핀테크

블록체인 시스템을 이용하면 수납정보 등이 자동으로 교환되기 때문에 보험금 청구와 심사 과정을 크게 줄일 수 있어 시간과 비용이 절감되는 것이다. 핀테크는 금융(Financial)과 기술(Technology)의 합성어로 금융과 IT의 결합으로 새롭게 등장한 금융 서비스이며 주요한 내용 몇 가지만 소개한다.

P2P 대출 : 온라인 서비스를 이용해 채무자와 채권자를 연결해 주는 대출 서비스이다. 은행이나 금융권은 담보가 있어야 하지만 P2P 대출을 신용만으로 대출해주는 무담보 대출이다.

Mobile Banking : 스마트폰, 태블릿 PC 등 모바일 기기를 사용하여 은행에 갈 필요 없이 시간과 공간을 초월해서 은행 업무를 볼 수 있도록 도와주는 서비스를 말한다.

App Pay : 삼성페이, 애플페이, 구글페이, 카카오페이 등 모바일 디바이스를 활용한 결제 서비스로 신용카드나 체크카드를 등록하고 사용하면 된다.

Bitcoin : 세계 최초 암호화폐이다. 기존 화폐와 달리 정부나 중앙은행의 개입 없이 개인 간 빠르고 안전한 거래가 가능하며, 금처럼 유통량이 한정되어 있고 향후 100년간 발행될 화폐량이 2,100만 개까지만 발행할 수 있다. 2009년 1월 3일 '사토시 나카모토'에 의해 개발되었는데 그의 정체는 호주의 암호학자인 '크레이그 라이트'인 것으로 밝혀졌다.

제 4장.
암호화폐
실전 재태크

2009년 1월 블록체인 기술로 무장한 첫번째 암호화폐인 비트코인이 세상에 나온 지 10년이 되었다. 10년 동안 많은 에피소드와 이슈들로 세상에 알려 지게 된 가상화폐, 상태계에서는 암호화폐로 부르다고 최근에는 '디지털자산'이라고 부르자고 한다. 좋은 표현인 것 같다. 이제는 자산으로 인정하고 그에 걸맞는 방식으로 다루어야 한다고 생각한다. 자산이라면 바로 연상되는 단어가 재테크이다. 그렇다 이제는 재테크로 암호화폐를 바로 보아야 할 때가 온 것이다.

이제 암호화폐의 파티는 끝났다.

2017년 말의 화려한 날은 오지 않을 것 같다. 그 때는 무슨 코인을 사던 10배 이상 수익은 기본이었다. 암호화폐도 주식처럼 재테크의 시대가 도래한 것이다. 한마디로 투기에서 투자로 변모 하는 과정이다. 이런 현상이 암호화폐의 저변 확대에 오히려 도움이 될 것 이라 생각한다.

2016년 다보스포럼에서 시작된 4차 산업혁명의 바람이 전세계를 소용돌이로 쳤고, 우리가 살고 있는 대한민국에서도 예외는 아니었다. 인터넷 1세대를 리더한 강자들이 그 역사를 말해 준다. 미국은 구글, 아마존, 페이스북, 국내에서는 네이버, 카카오 중국은 바이두, 알리바바, 텐센트가 있다.

블록체인을 제 2의 인터넷이라고 불린다. 우리가 흔히 애기하는 패러다임 즉 판이 바뀌고 있다. 새로운 판에서는 당연히 룰이 달라질 수 밖에 없다. 심판도 바꾸어야 한다. 새로운 게임의 룰을 잘 이해하는 새로운 심판이 필요하다. 위에 언급한 인터넷1세대 기업이 언제 만들어 졌나? 대부분 20년 정도일 것이다.
제 2의 인터넷인 블록체인 시대의 새로운 유니콘 기업이 나타날 것이다.
그 주인공이 이 책을 읽고 있는 당신이 될 수 있다. '난세에 영웅이 난다.'라는 말이 있다. 지금이 난세이다. 중앙화와 탈중화화, 4차 산업혁명으로 AI의 발전으로 노동문제, 미중 무역전쟁, 한반도 비핵화 문제 등 지금 세계는 소용돌이 속에 있다.

만약 당신이 유니콘기업을 운영하는 CEO가 될 수 없다면, 소박하게 디지털 자산으로 재테크 하면서 본인의 디지털자산을 키워 가면 어떨까?

암호화폐로 재테크 할 수 있는 방법은 여러가지 있다. 그 중에서도 전문가가 아닌 일반인들이 할 수 있는 4가지 방법을 소개 하려한다.

1. 코인 가치투자
2. 소박한 트레이딩
3. 나 홀로 채굴
4. ICO 투자

코인 가치투자

주식을 할 경우 우량주를 장기투자하는 방식이라고 보면 된다.

대표적인 암호화폐가 비트코인이다. 비트코인은 암호화폐계의 금이라고 생각 하면 오히려 편하다. 가장 마음 편하게 할 수 있는 재테크 방법이라고 생각한다. 하지만 조금 더 많은 수익을 올리고자 한다면 더 많은 비트코인 외 알트코인을 연구해야 한다.

필자는 트레이딩에 재주가 없어 가치투자 방법을 선호 하고 있다.

2016년 말 암호화폐를 알게 되었고, 2017년 초부터 시작해서 이래저래 벌기도 하고 잃기도 하면서 마음 고생하다가, 상승과 하락에 연연하지 않고 미래에 인생을 바꿔줄 가치코인을 찾아 장기투자를 하고 있다. 특히 직장인들은 하루에도 몇십번씩 등락의 변화가 많아, 회사생활 하면서 수시로 가격확인하고 스트레스 받고, 잠도 설치는 경험은 코인 하신 분 다 알 것이다. 정말 고수가 아닌 이상 단타를 하며 좋은 수익을 내기는 힘들다.

장기 가치투자를 한 후로 마음이 편하고 스트레스를 받지 않는다. 오래 살려면 가치투자가 답이다.

매일같이 많은 뉴스들이 쏟아져 나온다. 비트코인이 화폐를 대체한다느니, 유럽과 일본에서는 비트코인으로 상품을 살수 있다든가 라는 것이다. 하지만 실상은 다르다. 우리 주위에서 비트코인으로 커피 한잔 사먹기도 힘들다.

아직까지는 비트코인 블록체인의 설계 한계상 실제 돈의 역할을 수행할 만한 트렌젝션 속도는 절대 나올 수 없다. 그래서 지금 비트코인블록체인을 스냅샷 떠서 나오는 많은 비트코인 파생 코인들이 쏟아져 나오고 있다.

경력과 사상, 철학이 없는 삼류 개발자들 몇 명 모여 그럴듯한 백서 만들고, ICO로 수십억 수백억 모금하여 중대형 거래소에 상장시켜 일명 펌핑세력을 붙쳐 개미들 돈 털어먹는 그런 코인 말고, 정말 무엇인가 하고자 하는 팀들 위주로 투자해야 한다. 아무리 펌핑세력을 따라가고 거래소상장을 노리며 차익거래를 해도, 코인 하나 담아놓고 잊어버리고 지내는 게 일상생활에 훨씬 도움이 될 것 같다.

밤새가며 트레이딩 해도 몇개월 지나고 나서 생각해보면 손안대고 그냥 뒀다면 수익률이 몇배는 더 컷을 걸 이라는 생각을 하게 된다. 잠깐의 수익에 혹해 사직서 내고 코인에 올인 하거나 세력과 호재를 쫓아 다니는 사람들이 점점 늘어나고 있다. 돈 버는 사람 보다 잃는 사람이 몇배는 많아 보인다.

개인적으로 그 동안 보고 관찰해온 믿고 투자할 수 있는 코인 몇개를 장기 가치투자로 소개하고자 한다.

아주 객관적 사실을 근거로 하여 작성 하였지만, 필자 개인 의견이니 투자에 신중 하기 바란다. 선정 기준은 가장 안정적인 코인마켓캡 기준 100위 안에 있는 코인으로 하였다.

1. 비트코인
2. 이더리움
3. 이오스
4. 리플

1.1 비트코인

블록체인과 암호화폐의 대명사이기도 하다. 이제 비트코인은 상징적인 의미가 더 많은 가치를 평가 받고 있다. 일종의 골드바를 소유 한다고 보면 표현이 쉬울 것 같다.

작금의 전문가들은 "현재 대장인 비트코인이 단기간에 큰 움직임을 보여주기 쉽지 않기 때문에 많은 투자자들은 시장에서 상황을 지켜 보며 기다리는 접근 방식(wait-and-see approach)을 취하는 편이 나아 보인다"고 조언한다. 여기서 장기투자를 권면

하고 있다.

일각에서는 "뉴욕증권거래소(NYSE)를 소유하고 있는 세계최대 거래소 그룹인 인터컨티넨털익스체인지(ICE)가 설립한 규제된 암호화폐 트레이딩 플랫폼 백트(Bakkt)와 골드만삭스의 비트코인 선물 시장 출범, 여기에 더해 시장의 가장 큰 관심사인 반에크/솔리드X 비트코인 ETF(VanEck/SolidX Bitcoin exchange-traded fund) 신청에 대한 미국 증권거래위원회(SEC)의 승인 기대감이 현실화되면 비트코인의 단기 상승을 촉발할 수 있을 것"이라고 조심스럽게 전망했다.

한편 암호화폐 전문매체인 이더리움월드뉴스에 따르면 비트코인 재단의 창립멤버이자 온라인 최초 비트코인 거래소인 비트인스턴드(BitInstant)의 최고경영자였던 찰리 슈렘(Charlie Shrem)은 야후 파이낸스와 인터뷰에서 현재 암호화폐 투자자들에게 가격 변동성에 일희일비하지 않고 "그저 즐겨라(Just have fun with it)"라고 조언했다. 그는 "암호화폐의 가격 변동성에 스트레스 받지 말고, 시가총액 상위 암호화폐에 장기적 관점에서 투자해야 한다"고 말했다.

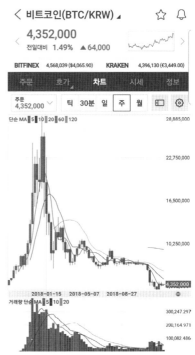

슈렘은 자기 자신도 "수년 동안 매수 포지션과 장기 보유 방식의 투자를 해왔다"고 덧붙였다. 이어 슈렘은 "상위 10위 또는 20위 사이에 코인을 매수해 최소 5년 동안 보유하면서 이들 코인에 대해 배우라"면서 "그러다 보면 상승장과 하락장 모두 2년 주기로 발생하기 때문에 5년 안에 큰 수익을 얻을 가능성이 높다"고 강조했다. 또한 그는 "투자자들이 암호화폐 투자 위험에 보다 편해져야 한다"면서 "특히 손실을 감당할 수준만큼만 투자해야 한다"고 당부했다.

1.2 이더리움

ICO의 기축통화로 자리매김 하고 있는 2세대 블록체인이다. 단연 블록체인 플랫폼류 코인 중 현재 가장 많은 볼륨을 차지하고 있는 이더리움이다. 이더리움 체인 위에서 서비스를 목표로 하고 있는 ERC20토큰들은 2만여개에 달한다. 스마트컨트랙 개발자 풀에서 이더리움은 절대적 비중을 차지하고 있기 때문이다.

5년이 걸리던, 10년이 걸리던 블록체인은 결국 실생활에 자리잡을 것이다.

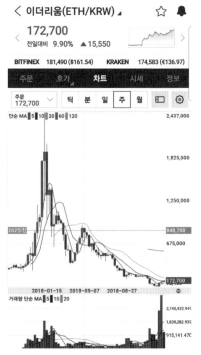

대기업들은 많은 비용을 들여 자체 플랫폼체인을 만들지 비용을 덜 들이고 이더리움 플랫폼 위에 회사 프라이빗 블록체인을 연결할지 고민을 하고 있다. 결국 비용이 덜 드는 쪽을 선택하게 된다. 블록체인을 뛰어넘는 차세대 기술이 나오지 않는 이상 스마트 컨트랙에서 이더리움을 뛰어넘기는 아직까지는 힘들 것 같다.

무분별한 ICO자금 모집을 통해 모인 이더리움이 현금화되어지고, 고래(큰돈 굴리는 개인 투자자)들의 이더리움 가격하락원인을 캐치하여 대량의 이더리움을 매도 하였다. 이 매도과정이 대략 7개월에 걸쳐 이루어졌고, 이후 이더리움의 가격이 안정화될 경우, 알트코인의 상승도 올 수 있을 것으로 예측이 된다.

1.3 이오스

이오스(EOS.IO)는 위임지분증명(DPoS) 방식을 사용하는 제3세대 암호화폐이다.

이오스의 화폐 단위는 EOS이다. 2017년 댄 라리머가 이더리움 기반으로 개발했고, 2018년 6월 이더리움에서 벗어나 자체 메인넷을 오픈했다. 웹어셈블리(WebAssembly), 러스트(Rust), C, C++등 다양한 프로그래밍 언어를 사용하여 개발했다.

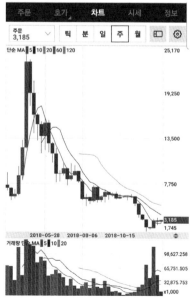

이오스는 "이더리움 킬러"라고 불린다. 이오스는 이더리움의 느린 처리 속도와 높은 수수료 문제를 해결하기 위한 대안으로 등장하였다. 이오스는 분산 애플리케이션인 디앱(DApp)을 구동할 수 있는 플랫폼을 제공함으로써 범용적인 블록체인 운영체제(OS)를 만드는 것을 목표로 한다.

2018년 중국 공업정보화부 산하 'CCID 블록체인 연구원'이 발표한 "제 2기 CCID 글로벌 퍼블릭 블록체인 평가 지수"에서 이오스가 1651.5점을 받아 기술 부문 1위로 선정되었다. 이오스는 시가총액 5위의 암호화폐로서, 이더리움의 여러 문제점들을 해결하면서 주목받기 시작했다.

1.4 리플

리플은 일명 '리또속'(리플 또 속았다)이라고 불리어질 만큼 많은 화제를 모았다. '리플에 울고 리플에 웃고' 리플로 부자가 된 성공담이 주위에서 많이 들린다. 2017년초에 인기가 많았지만 2017년 하반기 상승장에서는 중앙화된 은행 송금용이라고 업계에서는 그 가치를 절하 하였다. 하지만 현명한 투자자들은 탈중앙화가 하루 아침에 될 수 없

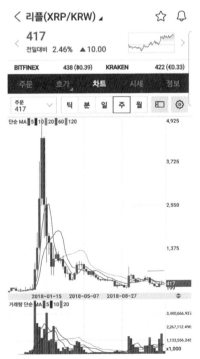

어 중간 과도기 시기에 리플은 기득권을 가진 은행에서 많이 사용될 것을 예상하고 최근에 다시 주목 받는 암호화폐이다. 그리고 팀들이 마케팅을 너무 잘 해 서 하락장에서 트레이딩 하는 사람들에게 인기가 있다. 더 상세하게 설명 하자면 블록체인 기반의 프로토콜 겸 암호화폐로, 화폐 단위는 XRP이다.

리플은 본래 웹 개발자인 라이언 푸거(Ryan Fugger)가 2004년 전 세계 은행 간 실시간 자금 송금을 위한 서비스로 개발한 리플페이(Ripple Pay)에서 비롯된 것이다. 이후 2012년 크리스 라슨(Chris Larsen)과 제드 맥케일럽(Jed McCaleb)의 주도로 오픈코인(Open Coin)이 설립되면서 암호화폐가 발행되었다.

리플은 당초 금융거래를 목적으로 개발됐기 때문에 실시간 일괄 정산시스템과 환전·송금 네트워크를 갖추고 있다. 리플 프로토콜의 경우 P2P로 환전 거래가 이뤄지기 때문에 중개기관이 필요치 않고 저렴한 비용으로 빠르게 국제 간 결제가 가능하다. 특히 알고리즘으로 리스크를 분산시키는 다른 암호화폐와 달리 중앙집중화된 발행, 유통구조를 가지고 있는데, 이는 리스크가 한곳에 집중되어 있다는 단점이 되기도 한다. 또 XRP 프로토콜은 무료 오픈 소스로 개방되어 있어 누구든지 개발에 참여할 수 있다. 또 한 다른 암호화폐처럼 채굴((Mining) 방식을 사용하지 않으며, 참가자들이 합의한 내용을 토대로 거래가 승인되도록 설계돼 있다. 대신 프로토콜에 따라 코인 양이 1,000억 개로 한정되어 있어 더 이상 발행되지 않는다.

리플의 시장 규모는 2018년 말 기준하여 비트코인에 이어 이더리움과 2~3위 자리 다툼을 하고 있다.

추천한 가장 안정적인 4개의 암호화폐 그래프를 보면 알 수 있듯이 어느 정도 저점이라 생각되어진다. 이제는 투기에서 투자로의 사고의 전환이 필요하다.
다시 한번 강조 하는 것은 "2017년의 랠리는 잊어라"
코인 가치 투자자는 적금을 한다고 생각하면 마음이 편하다. 적금을 시작하고 잊어버리고 있다가 만기가 되어 목돈을 받을 때 그 기쁨은 이루 말할 수 없다. 그처럼 코인 가치투자도 마찬가지다.

우리는 바쁘게 살아간다. 그리고 할 것도 많고 배울 것도 많고 하고 싶은 것도 많다. 이러한 라이프 스타일에서 전문 트레이더가 아니라면 블록체인의 기술을 믿고 여유 자금으로 블록체인 가치에 장기 투자 하는 것을 개인적으로 추천한다.

2 소박한 트레이딩

트레이딩은 암호화폐 재테크의 꽃이라 할 수 있다. 트레이딩 중에서 기본차트만 공부 하여도 소소하게 수익을 낼 수 있다. 여기에서는 아래와 같은 내용에 대하여 설명 할까 한다.

· 차트의 의미
· 캔들차트
· 거래량
· 이동 평균선
· 지표 분석/활용

2.1 차트의 의미

① 차트란?

암호화폐 및 주식 거래소는 기본적으로 거래를 중개하는 역할을 한다. 자산 가격 변화 추세에 관한 정보를 거래자들에게 제공하기 위해 거래소는 체결된 거래 자료를 도표(Chart)로 정리하여 보여준다. 결국, 차트란 체결된 과거 거래 자료를 의미한다.

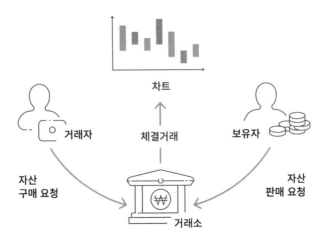

2.2 캔들차트

① 캔들 차트의 의미

현재 차트를 표현하는 방식 중 가장 많이 쓰이고 있는 것이 캔들 차트이다.

캔들(Candle)차트는 모양이 양초를 닮았다고 하여 붙여진 이름으로, '봉차트'라고도 한다. 캔들 차트는 18세기 일본 오사카에서 쌀 가격 예측을 위해 고안된 방식으로, 캔들을 통해 특정일의 금융 상품 가격이 어떻게 움직였는지 확인할 수 있다.

② 캔들 차트의 요소 및 종류

캔들은 시가와 종가를 비교하여 크게 두 가지로 구분할 수 있다.(단, 색상은 차트마다 다를 수 있다.) 종가가 시가보다 높았다면 이러한 캔들을 양봉이라고 하며, 반대로 종가가 시가보다 낮았다면 이러한 캔들을 음봉이라고 한다. 캔들을 이루고 있는 구성 요소에 대한 설명은 다음과 같다.

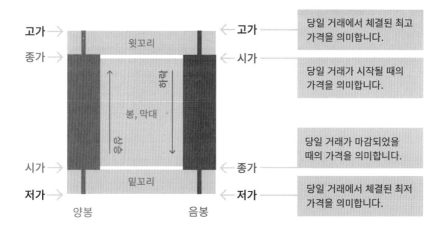

③ 시간 단위 캔들

양봉, 음봉 외에 시간 단위를 기준으로 캔들을 구분할 수도 있다. 해당 기간을 기준으로 시가, 종가, 고가, 저가를 계산하여 캔들을 나타낸다. 그 사례는 아래와 같다. 또한, 투자 성향에 따라 원하는 시간단위로 가격의 움직임을 확인할 수 있다.

◈ 일봉 : 하루 단위 기준으로 시가, 종가, 고가, 저가를 계산
◈ 주봉 : 일주일 단위 기준으로 시가, 종가, 고가, 저가를 계산

2.3 캔들차트 사례

① 양봉과 음봉의 결정

양봉과 음봉의 구분은 전일 가격과는 상관없이 시가와 종가에 의해서 결정된다. 16일 캔들이 전일 대비 상승하여 양봉인 것 같아도, 종가가 시가보다 낮다면 음봉이 된다.

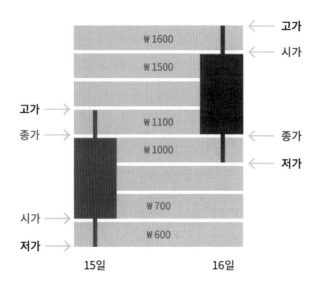

② 캔들의 진행 사례

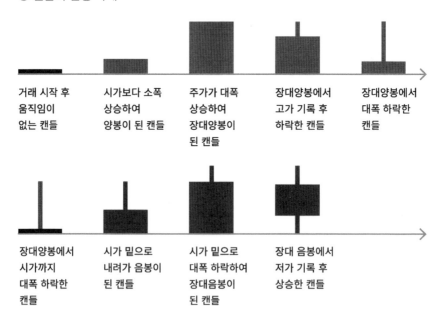

| 거래 시작 후 움직임이 없는 캔들 | 시가보다 소폭 상승하여 양봉이 된 캔들 | 주가가 대폭 상승하여 장대양봉이 된 캔들 | 장대양봉에서 고가 기록 후 하락한 캔들 | 장대양봉에서 대폭 하락한 캔들 |

| 장대양봉에서 시가까지 대폭 하락한 캔들 | 시가 밑으로 내려가 음봉이 된 캔들 | 시가 밑으로 대폭 하락하여 장대음봉이 된 캔들 | 장대 음봉에서 저가 기록 후 상승한 캔들 |

2.4 거래량

① 거래량의 의미

특정 기간 및 시점에서 설정된 캔들 아래에는 막대 그래프가 함께 존재한다. 이 막대 그래프는 해당 시점에서 체결된 거래 규모(거래량)를 나타낸다. 일반적으로 거래량 그래프는 캔들 차트의 양봉, 음봉에 따라 색상이 함께 변하지만, 해당 프로그램 기능에 따라 색상은 다를 수 있다.

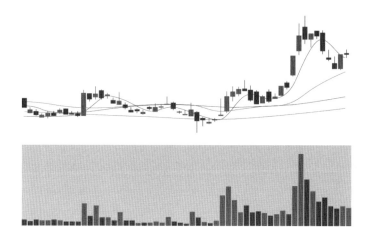

2.5 이동평균선

① 이동평균선의 의미

양봉, 음봉 외에 시간 단위를 기준으로 캔들을 구분할 수도 있다. 해당 기간을 기준으로 시가, 종가, 고가, 저가를 계산하여 캔들을 나타낸다. 또한, 투자 성향에 따라 원하는 시간단위로 가격의 움직임을 확인할 수 있다.

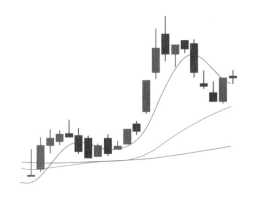

위의 그림에서 캔들 이외에 곡선으로 된 여러 그래프를 확인할 수 있다. 이러한 곡선 그래프는 일정기간 동안의 가격을 산술 평균한 값들을 차례로 연결해 만든 곡선으로, 이동평균선이라고 한다.

② 이동평균선의 종류

이동평균선은 대상 지표, 시간 단위를 기준으로 여러 이동평균선으로 나눌 수 있다.

시간 단위 기준

단기(5일/20일),중기(60일/ 90일),
장기(120일/200일/240일) 등

대상 지표 기준

가격이동평균선, 지수이동평균선,
거래량이동평균선 등

2.6 지표 분석 활용

용어 설명

지표 분석을 통한 투자 분석은 투자자마다 다를 수 있으므로 기능 활용 시 주의해야 한다.

ADX/DMS	현재 가격 범위가 전일 기준으로 어떻게 움직였는지 확인할 수 있는 지표 ADX : Average Directional Movement Indicator DMS : Directional Movement System
Average True Range(ATR)	시간에 따른 가격 변화의 정도인 변동성 – Volatility을 나타내는 지표
Bollinger Bands	Envelope band를 보완하기 위해 고안된 지표로 이동평균선의 분산을 이용하여 가격 추세의 강약과 지지선, 저항선을 파악할 수 있는 지표
Center of Gravity	User가 설정한 기간의 가격을 합하여 조정한 값을 통해 가격 추세를 확인하여 매수 및 매도 시그널을 파악하는 지표
Chaikin Money Flow	종가가 하루 거래 범위의 어느 지점에 위치하는 지에 따라 거래량을 계산하는 거래량 매집 지표 CMF 〉0.1　　　　　　　대체로 강세로 간주 CMF 〈 0.1　　　　　　대체로 약세로 간주 0 〈 CMF 〈 0.1　　　약매수로 약세로 간주 −0.1 〈 CMF 〈 0　　약매도로 강세 암시로 간주

Commodity Channel Index (CHI)	현재 가격과 이동평균선의 괴리를 분석하여 가격의 방향성과 탄력성을 동시에 측정하는 지표이며 기본적으로 +100(과매수 구간)과 −100(과매도 구간)을 순환하는 양상
Ehler's Fisher Transform (FT)	설정기간 내 가격들의 중앙값을 이용해 가격 추세의 방향성을 판단하는 지표로 Fisher선(프로차트 내 EF Trigger)이 기준선(EF)을 상향 돌파할 경우에는 매도 시점으로 간주하고 Fisher선이 기준선을 하향 돌파할 경우에는 매수 시점으로 간주
Elder's Force Index 포스 인덱스	〈(당일 종가 − 전일 종가) × 거래량)계산을 통해 가격 추세의 강도를 파악하는 지표로 전일과의 가격 차이가 클수록, 거래량이 늘어날 수록 값이 커지며 추세의 강도를 판단
Elder Ray	선물 트레이딩에서 사용되던 인덱스로 당일의 고가, 저가, 이동평균선을 이용해 매수세(bull power)와 매도세(bear power)를 판단하는 지표
Fractal Chaos Bands	가격 추세의 특정 패턴을 분별하기위해 지연 지표로 간주되는 Fractal(프렉탈)을 사용한 지표로 설정기간 내 가격의 고가, 저가를 활용해 구성한 영역을 기준으로 가격 추세의 방향성 판단
Fractal Chaos Oscillator (FCO)	특정 기간을 기준으로 시점을 거슬러 올라가 가격 추세의 변동성을 수치로 표현한 지표로 일반적으로 FCO는 숫자 값이 1에 가까울 수록 매수, −1에 가까울수록 매도 시그널로 간주
Intraday Momentum Index	설정기간 내 일별 시가와 종가의 관계 및 변동값을 계산하여 과매수, 과매도 상황을 판단하고 잠재적인 매수, 매도 모멘텀을 확인하는 지표 IMI 〉 70 초과 매수로 간주(과매수 상황) IMI 〈 30 초과 매도로 간주(과매도 상황)
Keltner Channel	고가, 저가, 종가의 값을 평균한 값의 이동 평균선을 바탕으로 특정 범위를 나타내는 지표 · 종가가 Keltner Channel의 상단보다 위에있을 경우, 가격 상승 신호로 간주 · 종가가 Keltner Channle의 하단보다 아래에있을 경우, 가격 하락 신호로 간주
Linear Reg forecast & Linear Reg R2	특정 기간의 거래 정보를 바탕으로 선형 회귀분석을 하여 추정 값을 도출한 지표로 Linear Reg R2는 회귀분석에서 사용되는 R square 값을 의미, R square값이 1에 가까울수록 선형회귀분석이 유효하며, 0에 가까울수록 상관성이 떨어짐 · Linear Regression Forecast, 선형회귀추정
MACD	Moving Average Convergence and Divergence, 이동평균수렴확산지수 단기이동평균선과 장기이동평균선의 거리를 판단하여 가격 추세 방향과 움직임을 판단, MACD선이 0 또는 Signal선을 상향 돌파 시 매수 간주, 하향 돌파 시 매도 간주 · MACD선　　　단기 − 장기 이동평균 · Signal선　　　특정 기간의 MACD지수의 이동평균선

Momentum Indicator (MI)	현재 가격과 설정기간 내 과거 가격을 비교하여 매수, 매도 시점을 판단하는 지표로, MI의 값이 양수에서 음수로 변하는 시점은 매도 시점으로 간주하며 반대로 MI의 값이 음수에서 양수로 변하는 시점은 매수 시점으로 간주
Money Flow Index (MFI)	시장의 자금이 얼마나 유입되고 유출되고 있는지 그 강도를 측정하여 추세 전환 시기 예측 및 시세의 과열 및 침체 정도를 파악하는데 사용되는 지표 MFI 〉 80 가격이 고점일 확률이 높음으로 간주 MFI 〈 20 가격이 저점일 확률이 높음으로 간주
Moving Average (MA, 이동평균선)	차트 시작 시 15일선(MA 15C), 50일선(MA 50C)이 자동으로 표기, 특정 기간을 설정하여 여러 가지 장단기 이동평균선 생성 가능
Moving Average Envelope	이동평균선을 바탕으로 특정 비율로 설정된 상단, 하단 구역을 보여주는 지표로, Bolinger Bands나 Keltner Channel과 유사한 형태이고 변동성 정도에 따라 band 영역이 각기 다름(MA Envelope는 상단과 하단이 일정한 폭으로 유지)
On Balance Volume (OBV)	시장이 매집 단계에 있는지, 분산 단계에 있는지 판단하여 주가의 변화 방향을 예측하는 지표(상승한 날 거래량에서 하락한 날 거래량을 차감해 매일 누적으로 산출) · 주가 상승 시, OBV가 증가 추세 : 매집 활동이 활발하여 상승 추세 지속으로 간주 · 주가 상승 시, OBV가 감소 추세 : 매집 세력이 분산 돼 상승 추세 약화로 간주
Parabolic SAR (Stop And Reverse)	시간 흐름에 따라 가속 변수를 설정해 매매시점을 보다 엄밀하게 따지는 가격 후행 지표이며 불연속 그래프로, 가격 그래프와 만나는 시점을 매수 및 매도 시점으로 간주
Price Volume Trend (PVT)	전일/당일 종가의 변화를 비교하여 거래량을 누적 계산한다는 점에서 OBV와 유사하지만, 시장가격 변화 비율에 따라 거래량을 더한다는 점에서 OBV와 다른 거래량 지표로, 해석 방법은 OBV와 유사하나 매수/매도 시점보다 자금 유입 관점에서 보는 것이 일반적 방법
RAVI (Range Action Verification indicator)	이동평균선을 기반으로 거래 가격의 추세 강도를 확인하는데 사용되는 지표 · RAVI 값이 높아질수록 가격 추세의 강도가 강하여 추세가 지속될 것으로 간주 · RAVI 값이 떨어질수록 가격 추세의 강도가 약하여 추세가 끝나거나 약화될 것으로 간주
RSI (Relative Strength Index)	가격의 상승 압력과 하락 압력 간의 상대적인 강도를 나타내는 지표 · RSI가 70~80% 이상일 때 초과 매수 국면이라 판단, 매도 시점으로 간주 · RSI가 20% 이하일 때 초과 매도 국면이라 판단, 매수 시점으로 간주

Schaff Trend Cycle (STC)	Stochastic과 MACD를 이용하여 급변하는 가격 추세를 보다 안정적으로 보여주는 지표 · STC 값이 상승 국면에서 25 이상으로 넘을 시 매수 시점으로 간주 · STC 값이 하락 국면에서 75 이하로 하락할 시 매도 시점으로 간주
Standard Deviation (표준편차)	통계의 표준편차를 의미, 평균으로부터 data가 얼마나 평균 주변에 모여 있는 지를 나타내며, 표준편차가 클수록 특정 기간의 데이터들이 평균값으로부터 분산되어 있음을 의미
Stochastic (스토캐스틱)	설정기간 내 가격 변동에서 현재 가격이 어느 수준에 위치하였는지 판단하는 지표이고 100%에 가까울수록 고가를 의미, 20% 지점과 80% 지점을 기준으로 여러 투자 해석 존재 Fast Stochastic은 단기 매매에 유리한 지표, 잦은 변동으로 느리게 만든 것이 Slow Stochastic
Stochastic Momentum Index (SMI)	급변하는 Stochastic을 활용하기 어려워 중앙값과 종가의 위치를 비교하여 나타낸 지표 · Signal 곡선이 침체 국면에서 SMI 곡선을 상향 돌파 시 매수로 간주 · Signal 곡선이 과열 국면에서 SMI 곡선을 하향 돌파 시 매도로 간주
Swing Index	Swing Index는 단기적인 가격 움직임을 추측하는데 사용되는 지표 · Swing Index가 기준선 0을 상향 돌파 시, 단기적인 가격 상승 신호로 간주 · Swing Index가 기준선 0을 하향 돌파 시, 단기적인 가격 하락 신호로 간주
Trade volume Index	Tick data(체결 순간의 거래 정보)를 바탕으로 일정 기간 동안 거래량을 판단하는 지표
Volume Oscillator	거래량의 단기이동평균과 장기이동평균 사이의 거리를 이용한 지표로, 주가와 거래량의 동행 여부를 확인하여 거래량 매집, 분산 정도를 판단하는 데 활용
Volume Rate of Change	현재 거래량과 설정기간의 과거 거래량을 비교하여 가격 추세와 지속 정도를 판단하는 지표로, OBV처럼 가격 상승과 Volume Rate of change의 동행 여부를 바탕으로 추세 강도를 판단
Williams %R	금융상품의 거래 정도가 과매도, 과매수 수준을 측정하는 데 활용되는 모멘텀 지표로, Stochastic Oscillator와 유사하지만 지표값을 음수로 나타낸다는 점에서 다름 · Williams %R 값이 −20% ~ 0일 경우 과매수 수준으로 간주 · Williams %R 값이 −100 ~ −80일 경우 과매도 수준으로 간주
거래량 같이 보기	해당 시점의 거래량을 거래량 영역이 아닌 차트 영역에 함께 표기하는 설정
거래량	차트 초기화면의 거래량 영역을 활성화하는 설정

2.7 포트폴리오 수립방법

2018년 2월부터 시작된 하락장이 현재(18.12.25)까지도 지속되고 있다.

마운트 곡스 비트매도, 바이낸스 해킹, SEC 규제, 최근의 이더리움 증권분류 허위유포 FUD등으로 현재(18.12.25) 비트코인은 약 $3900대까지 내려왔다.

워낙 2월의 충격과 8월의 전저점 갱신등 으로 인해 현재 계속되어지고 있는 하락세도 크게 체감이 되질 않고 있다. 현재 보유 중인 코인들이 마이너스인 상태에서 더 마이너스되는 것이라 이제 해탈한 기분까지 들 정도이다. 또 다시 이런 끝없는 하락장이 온다면 여러분들은 어떻게 하시겠습니까? 이전과 지금 그리고 이후 여러분들은 자신만의 포트폴리오가 있었고 앞으로 어떤 포트폴리오를 구성하실 계획이신가요?

"유명 네이X카페(비트X, 비투X)에서 뭐가 좋더라?", "아는 지인이 좋다고 해서 샀습니다."

안타깝게도 이것이 대부분의 현실이다.

그렇다면 도대체 포트폴리오 수립은 어떻게 해야 하는 것 일까?

대형 악제가 터지거나 차트에서 안 좋은 지표가 포착되어 시장이 악화될 경우, 포트폴리오적 관점에서 투자자가 취할 수 있는 방법은 크게 세 가지로 분류해 볼 수 있다.

첫 번째는 손절 및 현금 관망이다.

이 방법은 주로 전문적 트레이딩을 하는 분들이 많이 하는 방법이다.

하락이 시작될 때 가장 이상적인 방법이기도 하다. 보통의 경우는 손절 때 마이너스가 아까워서 못하고 있다가 몇 십배 더 큰 손실을 맛 보고기도 한다. 그리고 손절 했는데 급상승으로 장이 바뀌어 버린다면 그 허탈감에 괴롭기도 하다. 그래서 이 방법이 매우 단순해 보이지만 가장 어렵기도 한 방법이다.

두 번째는 추가로 현금을 투자하거나, 아니면 단타 등으로 코인수를 늘리고 평단가를 낮추는데 초점을 두는 방법이다.

전자는 현금(시드) 투자가 가능할 경우, 후자는 차트에 경험이 많고 기술적 분석에 익숙한 분들이 취할 수 있는 방법이며 가장 공격적이며 적극적인 대응이라고 볼 수 있다.

이런 대응은 평단가를 낮추며 코인 갯수를 늘리는데 중점을 둔 방법이다.

마지막 세 번째는 코린이들을 포함하여 많은 초보 분들이 반강제적으로 선택 하게 된 '존버'이다.

하지만 하루에도 수십 번 거래소 계좌를 확인하는 것이 과연 존버라고 할 수 있을까?

매매를 하지 않고 그저 호가창만 바라본다면 무의미한 행동일 뿐이다. 그러므로 존버를 선택하셨다면 이 시기를 현명하게 보낼 방법을 찾아야 한다.

바로 학습을 통한 '건강하고 유익한 존버'로써 나아가야 한다.

추상적으로 다가올 수 있지만 오히려 이런 하락장에 일반투자자들은 행동이 제약되어있고 그저 고래(세력)들의 다음 움직임을 기다리는 수밖에 없기에 조용히 때를 기다려야 한다.

그러나 그 때가 왔음에도 그 시기를 알아채지 못한다면? 어떻게 될까?

그런 과오를 다시 저지르지 않기 위해 여러분은 학습을 해야 한다는 것입니다.

2.8 포트폴리오 구성하기

최소 500만원 이상의 자금

사람마다 다르겠지만 최소 500만원 이상의 자금을 운용해야만 포트폴리오를 구성하여 수익을 낼 수 있다고 생각된다. 물론 금액이 얼마든 간에 좋은 포트폴리오를 구성하는 것은 나쁘지 않으나 본인이 만족할만한 수익을 내기 위한 최소의 금액을 500만원으로 잡은 것이다.(100 만원 투자해 2~3%수익으로 만족하시는 분이 있으시다면 상관 없습니다.)

충분한 사전조사

단타용 포트폴리오가 아니다. 최소 3주 짧아도 몇 달(2~3개월) 길면 몇 년을 확신하며 가지고 있을 만한 코인을 찾아야 한다. 여러분들의 소중한 돈을 투자하는 것이기 때문에 자신이 선택한 코인의 프로젝트, 로드맵에 대한 꼼꼼한 사전조사는 필수이다.

프로젝트 창립자(CEO)에 대한 정보 및 개발/연구팀이 정말 실력이 있는지 알아보는 것은 기본 중 기본. 백서를 읽어보는 것은 당연한 것이며, 설령 무슨 이야기를 하는 것인지 모르겠다 하더라도 1차적으로 무조건 읽어보라는 것이다. 그리고 나서 프로젝트에 확신이 들 때까지 조사를 해야만 하고, 확신이 서지 않는다면 포트폴리오 후보에서 제외 시킨다.

마음가짐

충분한 사전조사를 마치고 선정한 코인에 투자를 했다고 가정해보자.

우리가 투자한 코인들은 신 기술을 가지고 진행되는 프로젝트이고 대부분(90%이상) 이제 시작된 프로젝트들이 굉장히 많다.

프로젝트가 진행되는 동안에는 기술 결함이 발견되는 것이 당연하고 크고 작은 문제들이 발생하는 것은 당연하다. 이에 따라 여러분이 코인을 들고 있는 동안 FUD 뉴스가 나오는 것은 너무나 당연하다.(오히려 FUD가 나오지 않는다면 스캠이라 의심해봐야 하는 것이 맞다.) 이러한 상황에도 정말 끝까지 가지고 있을 수 있는 마음가짐이 중요하다. 여러분이 초기 포트폴리오를 구성할 때 그 확신을 끝까지 가지고 가야 할 것이다.

★코인 시장에서 「대부분의 뉴스는 뉴스가 아닌 소음이다」 명심하도록 하자.

확신

블록체인 기술의 미래에 대한 확신을 전제로 암호화폐에 투자를 하는 것이기 때문에 본인만의 확신이 필요하다.

장기 포트폴리오는 구성할 때는 확신이 전제조건으로 있어야 한다. 그렇지 않다면 단타 트레이딩을 하는 것이 맞다.(단타 트레이딩의 조건은 완벽한 차트습득과 시황분석 및 멘탈능력이다.)

포트폴리오 구성하기

포트폴리오를 구성할 때 기본은 분산 투자이며 어떻게 분산 시킬 것인가가 중요하다. 암호화폐 투자 포트폴리오를 만들 때 중요하게 생각하는 요소는 크게 두 가지가 있다.

시총과 암호화폐 종류

시총이 높은 암호화폐일수록 암호화폐 시장에서는 안전자산에 가깝다고 보면 된다.

증권(주식)과 비교하면 백 프로 그렇다고 말하기는 어려우나 암호화폐 시장 내에서만 본다면 안전자산에 가까운 것이 맞다. 그렇기 때문에 여러분이 만약 안전한 투자를 하고 싶다면 시총이 높은 비트코인과 이더리움의 비중을 높이면 된다. 공격적인 투자를 원하신다면 반대로 비트코인과 이더리움의 비중을 낮추면 된다.

★추천 포인트 하나!

항시 비트코인을 자신의 총 비중의10~20%를 보유하라!

시총별 특징

1. 시총 TOP 10 코인들

이미 어느 정도 상용화가 되어있거나 충분히 많은 사람들에 의해 검증 되었다.

2. 시총 TOP 11~50 의 코인들

커뮤니티에서 인기를 얻어가고 있거나 조용히 개발이 진행되는 프로젝트들인 경우가 많다.

3. 시총이 작은 코인들(TOP100위 권 이하의 것들)

새롭게 시작하는 프로젝트들 또는 시작한지 얼마 되지 않은 프로젝트들인 경우가 많다.(이중에는 숨은 진주가 있을 수 있다.)

★추천 포인트 둘!

하락, 횡보장에서 세력들이 주로 펌핑시키는 코인을 주목하라!

☞그로스톨, 메탈, 블록틱스, 펀디, 온톨리지 등

- 공격적 투자자의 관점에서는 매매를 시도해 볼만 하다.

시총이 작으면 작을 수록 리스크는 커지지만 하이리턴(HI-RETURN)이라는 얻을 수 있는 잠재적 수익은 커질 수 있다.(시총이 크면 반대의 성향이 나타날 수 도 있다.) 또한 시총 순위 100위권 밖에 있는 코인에 투자를 하는 것을 권하지 않는다.

(반드시 투자를 하고 싶으시다면 전체 포트폴리오에서 10~20% 이내의 비중만 투자 하시길 바란다.)

★추천 포인트 셋!
하락/횡보 장에서는 알트코인들은 쳐다보지도 말라! 비트와 거래대금이 많은 메이저 코인 몇 가지만 거래하라!

암호화폐의 종류는 기능에 따라 분류해보자면 화폐로써 역할을 하는 코인, 플랫폼 코인, 익명성 코인, 프로토콜 코인, 탈중앙화 코인, 유틸리티 코인으로 구분할 수 있다. 각각의 암호화폐 종류에 1~2개씩의 코인들을 골라서 포트폴리오를 구성하면 굉장히 밸런스 잡힌 포트폴리오를 만들 수 있다.

이 두 가지 요소들을 고려하여 포트폴리오를 구성해 보자.

「안정적 투자」
예시1.
[100%] 비트코인 + 이더리움

예시2.
[70%] 비트코인 + 이더리움
[20%] 플랫폼 코인 중 한두개(NEO, QTUM, EOS, XLM, ADA, ICON,VEN 등)
[10%] 탈중앙화 코인 중 한개(BNB, KNC, BQX, BTS 등)

「조금 공격적인 투자」
[50%] 비트코인 + 이더리움

[20%] 플랫폼 코인 중 한두개(NEO, QTUM, EOS, XLM, ADA, ICON, VEN 등)

[10%] 익명성 코인 중 한개(XMR, ZCash, PVIX, DASH 등)

[10%] 프로토콜 코인 중 한두개(IOTA, NULS, POA 등)

[10%] 펌핑용 코인(GRS,MTL,TIX 등)

「공격적인 투자」

[20%] 비트코인 + 이더리움

[20%] 플랫폼 코인 중 한두개(NEO, QTUM, EOS, XLM, ADA, ICON, VEN 등)

[10%] 익명성 코인 중 한두개(XMR, ZCash, PVIX, DASH 등)

[20%] 펌핑용 코인(GRS,MTL,TIX 등)

[30%] 거래소 마이닝 코인(CAP, COZ, BCT 등)

「매우 공격적인 투자」

[0~10%] 비트코인

[0~10%] 이더리움

[10%] 플랫폼 코인 중 서너개(NEO, QTUM, EOS, XLM, ADA, ICON, VEN 등)

[20%] 펌핑용 코인(GRS,MTL,TIX 등) + 상장예정 코인

[50%] 거래소 마이닝 코인(CAP, COZ, BCT 등)

이는 예시일 뿐이며 참고하되 여러분들의 판단에 따라 비중을 조절하면 되는 것이다.

「추가」

포트폴리오에 ICO를 추가 해도 된다. ICO에 잘 투자하면 정말 어마어마한 수익률을 낼 수 있기 때문이다. 허나 ICO에 성공할 확률은 극히 낮다는 점을 유념하여야 한다.

2017년~2018년6월 까지 공개프리세일 진행된 ICO 총 1700여개 중 120여개만 거래소 상장, 상장율 약18%이다. 그러나 상장 되었다 하여 모두가 수익을 가져다 준 것 또한 아니니 신중을 기해 투자하기를 명심하기 바란다.

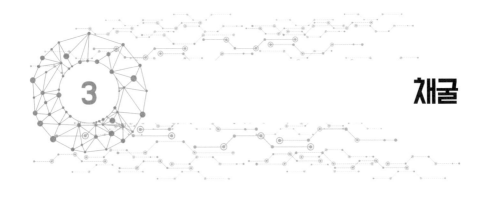

3 채굴

비트코인이나 이더리움 채굴은 이제 끝났다고 본다. 그리고 블록체인 생태계의 중요한 정신이자 철학인 탈중앙화를 반하는 집단 채굴을 통하여 채굴의 중앙화, 대기업화, 독점화로 사토시정신을 저버리는 행동으로 생태계를 혼란하게 하고 있다.

채굴이 이렇게 어려워지고 있지만 다양한 새로운 방법과 아이디어로 채굴을 시도 하는 기업들이 하나씩 등장 하면서 개인들이 소소하게 채굴을 통하여 재테크 하는 방법들이 있다. 이 장에서는 일반인들이 스마트폰으로 채굴하여 재태크하는 노하우를 소개한다.

집안에 잠자고 있는 스마트폰이 2~3개 정도 있을 것이다. 지금 사용하고 있는 스마트폰에서 채굴하기는 번거롭기도 하고 , 속도 저하 및 배터리 과다 소모 등으로 추천 하지 않는다. 사용하지 않는 스마트폰을 깨워 일하게 하면 통신비 정도 벌 수 있다.

3.1 Mib 코인

mib코인은 세계최초 스마트폰으로 채굴하는 국내기업이다. 오래동안 게임 프로그램 개발 노하우를 통하여 축적된 기술을 블록체인 기술로 연결해 온 볼트소프트에서 야심차게 개발한 스마트폰 마이닝 플렛폼이다. 현재 코인베네, 코인슈퍼에 상장 되어 있고 점차적으로 상장을 확장할 계획이다.

홈페이지(www.mibcoin.io)에서 다운로드 설치 후 채굴하면 된다.

현재 코인가격으로 대략 한달에 3만원 정도로 학생 스마트폰 기본료 정도 수준이지만 mib 코인 가격이 상승 되면 더 벌 수 있다.

집에 있는 중고폰과 이웃과 친척 중고폰를 모아 채굴 한다면 재테크 수단으로 이만한 것이 없을 것 같다.

3.2 마인월드

세계적인 마이닝 거래소인 마인빗에서 운영하는 스마트폰 채굴 앱이다.

구글 플레이스토어 또는 애플 앱스토어에서 "마인월드" 검색하여 설치 후 채굴 하면된다. 마인월드 채굴도 한달에 약 3만원 이상 수익을 낼 수 있다.

스마트폰 채굴 시 유의사항

스마트폰이 갑자기 아무 이유도 없이 느려지거나 뜨거워지고 배터리가 빨리 닳는다면 이미 암호화폐를 채굴하려는 해커들에게 해킹을 의심해야 한다. '크립토재킹'(Cryptojacking)이라 불리는 이 같은 행위가 점점 늘고 있다.

채굴은 기본적으로 암호화폐의 거래 내역을 검증해 분산형 디지털 장부에 기록하는 것이다. 채굴자는 컴퓨팅 파워를 제공한 대가로 암호화폐를 받는다.

암호화폐를 채굴하려면 대량의 컴퓨터를 마련해 막대한 전기를 소모해야 하므로 비용이 많이 든다. 하지만 해커들은 몰래 다른 사람의 스마트폰 프로세서를 이용하는 값싼 방법을 찾았다. 해커들은 악성 앱을 위험하지 않은 것처럼 위장해 피해자를 유인한다. 스마트폰 이용자들은 큰 피해를 볼 수도 있다. 심할 경우 채굴 작업 때문에 배터리가 부풀어 오르는 등 스마트폰이 손상되거나 못 쓰게 될 수도 있다. 하지만 이용자들은 대체로 자신의 스마트폰이 암호화폐 채굴에 동원되고 있다는 것을 알지 못한다.

크립토재킹은 대부분 구글의 안드로이드 운영체제를 쓰는 스마트폰에 손해를 끼친다. 애플은 앱을 더 많이 통제하기 때문에 해커들은 아이폰보다 안드로이드 스마트폰을 표적으로 삼는 경우가 많다. 전문가들에 따르면 스마트폰을 보호하려면 백신 프로그램을 설치하는 것 외에 안드로이드폰 운영체제를 최신 버전으로 업데이트하는 것이 중요하다. 비공식 경로로 앱을 내려 받으면 자신도 모르게 악성 앱을 설치할 가능성이 커진다.

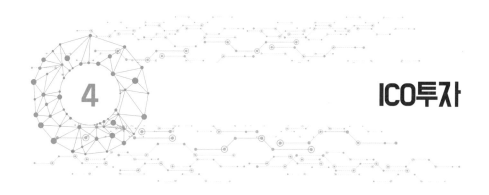

ICO투자

정의 : Initial Coin Offering

사업자가 블록체인 기반의 암호화폐 코인을 발행하고 이를 투자자들에게 판매해 자금을 확보하는 방식이다. 코인이 가상화폐 거래소에 상장되면 투자자들은 이를 사고 팔아 수익을 낼 수 있다.

투자금을 현금이 아니라 비트코인이나 이더리움 등의 가상화폐로 받기 때문에 국경에 상관없이 전세계 누구나 투자할 수 있다. 암호화폐 상장에 성공하고, 거래가 활성화할 경우 높은 투자 실적을 기대할 수 있다. 반면 투자 리스크가 매우 큰 상품이라는 속성도 갖고 있다.

암호화폐 공개가 기업 공개와 다른 점은 공개 주간사가 존재하지 않고 사업주체가 직접 판매한다는 것이다. 감사가 없고 누구라도 자금 조달을 할 수 있다. IPO처럼 명확한 상장 기준이나 규정이 없기 때문에 사업자 중심으로 ICO 룰을 만들 수 있어 상당히 자유롭게 자금을 모집할 수 있다. 따라서 '상장할 계획이 없다' '단순 자금 모집' '자금을 모집한 뒤 모습을 감췄다' 등의 사기 ICO가 벌어지는 사례도 세계 각국에서 빈번하게 일어난다. 위와 같이 어렵게 설명 하였지만 일반인들이 이해 하기 쉽게 풀어본다면, 초기에 싸게 암호화폐(코인)을 사서 상장 후 비싸게 파는 행위라고 생각 하면 된다.

하지만 2018년 중반부터 상장하는 ICO 코인들이 대부분 하락했는데 평균 90%이상 하락 하였다. 그래서 일부 전문가들은 'ICO는 끝났다' 라고 한다. 하지만 기술력과 마케팅 능력인 우수한 코인들은 하락장에서도 상장 후 코인 가격이 상승하기도 한다. 그러나 전체적인 평가는 ICO수명이 다 한 것 같다는 입장이 우세하다.

4.1 ICO의 이해 및 투자방법

ICO는 새로운 암호화폐 토큰을 판매해 투자금을 모집하는 방법이다. 특정한 기술을 개발하거나 새로운 암호 화폐 사업을 위한 자금을 모으기 위해 진행된다.

ICO는 정부나 기관에 의해 규제를 받거나 특정 조직에 등록되는 것이 아니기 때문에 특히 스타트업이 선호하는 투자 유치 방식으로 부상하고 있다.(이는 18년 후반기에 들어서며, 리버스 ICO로 인해 스타트업 기업들이 설 자리가 줄어들며 그 의미가 조금씩 퇴색되어 지고 있다.)

초기 투자자들은 프로젝트가 시작되기 전에 매입한 암호 화폐의 가치가 프로젝트의 성공적인 출범 이후 더 높은 가격에 책정되기를 기대하며 ICO에 참여 하게 된다.

성공적인 ICO 프로젝트로는 이더리움(Ethereum)을 꼽을 수 있다.

2014년에 초기 투자자들에게 큰 이익을 안겨주며 1800만 달러의 비트코인을 모금했었다. 국내에서는 2017년 5월 암호화폐 플랫폼 보스코인을 개발한 블록체인OS가 17시간만에 1200만 달러(136억원)을 조달하는데 성공했으며, EU-중국을 기점으로 하는 아이이그제크도 ICO로 3시간만에 약 1200만 달러(138억원)를 유치했었다.

ICO의 특성상 높은 수익율을 자랑하지만 그만큼 리스크도 큰 편이다.

스타트업들이 새로운 암호화폐를 계속하여 발행하는 이유는 블록체인 기술 기반에 대한 미래의 확신과 기술을 발전 시키기 위한 초기 투자 자금의 확보이다.

ICO(암호화폐공개, Initial Coin Offering)는 크라우드 펀딩과 유사한 형태로, 기업(스타트업 포함)이 "우리 회사는 이런 블록체인 기술 있다. 여기 투자해서 이 블록체인에 쓰일 암호화폐를 미리 받아두지 않겠는가?"라 제시한다.

투자자가 기술의 가치와 시장전망을 판단하여 투자를 해주고, 회사에서는 그 보상으로 투자자들에게 토큰을 투자 지분별로 나누어 지급한다. 즉, 기존 IPO(기업공개, Initial Public Offering)와 비슷한 개념이다. 주식투자와 유사한 개념으로 볼 수 있는데 새롭게 생성되는 코인들을 비교적 저렴하게 얻을 수 있는 방식을 일컫는다.

암호화폐란 첨단 IT기술을 접목시켜서 탄생시키는 수단이기에 그래서 ICO의 개발사나 개발측에서 개발이 진행중인 암호화폐에 대한 계획이나 전체적인 내용을 먼저 공개한다.

그 다음 이를 보고 매력을 느낀 투자자들로부터 투자금을 유치하는 방식으로 자금을 모으는 방법이다. 단, 기관 물량이 확보됐을 때는 엔젤투자 나 프라이빗으로 진행이 되는데 이것은 매우 위험한 투자 방법이 기도한 동시에 또한 매력적인 투자방법일 수 밖에 없다. 왜냐하면 이미 일반인들이 다 알고 난 뒤에 투자나 구매를 시도하는 것보다 더 저렴하고 더 많은 수량을 확실하게 진행이 가능하기 때문이다.

확실하고 좋은 정보가 있을 때 남들보다 먼저 진입을 시도하는 선견지명은 투자와 성공에 있어서 굉장히 중요한 포인트이기 때문이다.

4.2 ICO 절차 및 용어정리

보통 ICO를 진행하기 전 KYC(Know Your Customer)를 통해 고객에 대한 정보를 모으는 작업으로 여권이나 신분증을 요구한다.

비공개 판매(Private sale) : 최소 투자 금액이 높은 비공개 판매로서 보너스율이 높다. 보통 기관 투자자를 대상으로 한다.

사전 판매(Pre sale) : 공개 판매에 비해 보너스율이 높다. 최소 투자 금액이 정해진 경우가 많다.

공개 판매(Public sale) : 일반적인 ICO 절차다. 보통 개인을 대상으로 한다. 최소 투자 금액이 정해져 있지 않거나 작다. 메인 세일(Main Sale)이라고도 부른다.

ICO : Initial Coin Offering 블록체인 암호화폐 프로젝트가 완성되기 전 개발단계에서 자금을 모집하는 수단

ICO 세부단계

1. 엔젤투자(Angel invest) → 2. 프라이빗세일(Private sale) → 3. 프리세일(Pre sale) → 4. 퍼블릭세일(Public sale)

엔젤투자 : 프로젝트가 시작하기 전, 혹은 프로젝트 시작 직후에 개발진척도나 진행 상황이 불투명할 때 투자하는 것으로 주로 기관, 관계있는 지인들이 진행.

프라이빗 세일 : 기관, 사전 화이트리스트 등록자, 지인들에게 선 판매하는 것으로 대체적으로는 일반인이 참여하기는 힘듬.

프리세일 : 프라이빗 세일 이후 퍼블릭세일이전 단계로서 중소 기관투자, 개인들이 참여 가능

퍼블릭세일 : 대중, 일반인에게 판매하는 사전판매 방식으로 크라우드 세일이라고 부르기도 함.

IPO : Initial Public Offering 상장 전 비상장 기업이 유가증권시장에서 코넥스, 코스닥 시장에 상장하기 위해 그 주식을 절차에 맞추어 투자자들에게 팔고 공지하는 것.

ICO 용어

소프트 캡(Soft cap) : 약정된 기간이 종료되면 종료

하드 캡(Hard cap) : 투자 금액이 달성되면 종료

히든 캡(Hidden cap) : 투자 금액 목표가 공개되지 않은 방식

4.3 ICO 투자에 성공하려면

암호화폐 분야에서는 매일 수십 개의 암호화폐 공개ICO가 이뤄지고 그 이상의 새로운 프로젝트들이 새로 생겨나고 있다.

코인마켓캡(Coinmarketcap.co)에 등록된 프로젝트만 해도 1800여 개에 가까운데, 우리나라에서도 올해 수많은 ICO가 이뤄질 것으로 보여진다. 문제는 이렇게 많은 사업 중 정말 투자할 가치가 있는 사업을 가려내기가 쉽지 않다는 점이다.

이런 상황에 대한 코인투자자들의 반응은 대체로 세 가지로 나눠 볼 수 있다.

첫 번째는 시장규모 상위권의 코인들, 예를 들어 비트코인이나 이더리움, 비트코인캐시, 이오스, 리플 같은 코인에 자본을 분산해 투자하는 방법이다.

말하자면 암호화폐 분야의 인덱스펀드 방식이라고 할 수 있다.

시장이 커질수록 총 자산도 늘어나며 희망적인 경우에는 이득을 볼 것이다. 암호화폐 분야에 관심은 있지만 인생을 걸고 싶지는 않다는 사람들이 이 첫 번째 방법을 택한다. 하지만 이 같은 성과로는 만족하지 않는 사람들도 있다. 시장이 급성장하고 있기 때문에 매주 새로운 프로젝트들이 고공 상승하며 수면 위로 떠오른다.

토큰 하나의 가치가 치솟는 것을 볼 때마다 투자욕구와 기회를 놓칠 수 있다는 두려움이 생긴다.

두 번째는 사람들은 카페나 블로그, 스팀잇, 또는 단톡방 같은 소셜 미디어 커뮤니티를 맴돌며 다음 '대박 상품'의 소문을 찾아 기다리는 것이다.

배가 선착장을 떠나기 직전에 갑판 위로 올라타는 막판 투자를 노리는 것. 아직은 암호화폐 시장의 기반이 비논리적인 요소에 좌우되기 때문에 이런 식의 투자가 효과를 거두기도 한다. 예측과 소문 몇 개 때문에 시장이 요동칠 수 있기 때문이다. 사실은 카페나 스팀잇 등에 예측을 쓰는 자칭 전문가들조차 독자들에 비해 대단한 선견지명이 있다고 할 수 없는 상황인데도 말이다.

세 번째는 발품을 팔아 공부하고, 읽고, 읽고, 또 읽는 것이다.

덜 알려졌거나 저평가된 프로젝트를 누구보다 먼저 찾아내 투자하는 방법이다. 간단하지만 결코 쉽지 않은 길이고, 그래서 많은 사람들이 선택하지 않는 길이기도 하다. 그래서 전문가에게 일정의 수수료를 지급하면서 맡기기도 한다. 그러나 여기에 함정이 있다. 전문가라고 하는 업체의 대부분은 다단계 업체라는 것이다. 충분한 시간과 조사를 해본 뒤 판단을 해봐야 할 것이다. 이 방법이 성공 가능성이 제일 큰 가장 유일한 길이 아닐까.

4.4 ICO투자방법

18년 올해 시작된 ICO의 90%가 투자대비 손실을 보여주고 있다. ICO에서 구매한 코인(토큰) 가격이 현재 거래되는 가격보다 비싸다는 이야기이다.

ICO를 검토할 때 반드시 보아야 하는 자료

◈ 백서(White paper)와 로드맵

백서와 로드맵은 코인 감별과 선택에 있어서 가장 중요한 부분이다.

(프라이빗이나 프리세일의 경우 백서가 없이 진행되는 부분도 있다.)

◈ 개발관련 및 협력업체

코인을 개발함으로써 누가 개발을 하며, 어떤 기업과 단체가 하는 것인지도 중요하다. 어떤 기업이 파트너십을 맺고 후원을 해주는가, 어떤 기술력을 협력해 주는 것도 상당히 중요한 부분이다. 일반적으로는 네임벨류가 있는 대기업에서 만든 것이 중소기업에서 만든 것 보다 가치가 있는 것으로 생각한다. 그러나 유의할 점은 유명한 기업과 파트너쉽을 맺었다고 해서 묻지마식 투자는 절대 금지이다. 대표적인 예로 '센트라 사태'인데 미국, 동남아 유명 기업과의 제휴, 유명모델을 앞세웠지만 결국 스캠으로 판별이 나 상장폐지 되었다.

대중들에게 이름이 알려지지 않은 기업과의 제휴와 파트너쉽을 맺었다고 해서 무조건적으로 무시할 수는 없다. 코인시장에서 대부분이 스타트업이란 점을 생각해보았을 때

장기적인 관점에서는 오히려 이 부분이 더 긍정적인 요소로 작용할 수 있기 때문이다.

◈ 팩트체크

가장 중요한 부분은 크로스 팩트체크를 통한 분별법이다. 위의 사항들을 개인이 체크하면 주관적인 구분이 되지만, 투자 자문단체 혹은 해외투자단체에서의 평가를 같이 확인할 수 있다면 서로간의 크로스체크 후 주관적이 아닌 객관적인 정리가 되며 더욱 정확한 팩트체크가 될 것이다. 그러나 문제는 역시나 어떠한 루트와 방법으로 신뢰성 있는 전문가 집단을 서치할 수 있느냐일 것이다.

추천 드리는 방법으로는 정기적인 밋업(Meet-up)참여, 퀄리티 있는 잡지(간행물, 인터넷 자료 등)의 정기구독, 오프라인 강의와 특강 참여 등을 통해 블록체인과 암호화폐의 흐름과 동향을 파악하는 것이다. 이러한 활동을 통해 자연스럽게 흐름과 방향성이 머리에 그려지게 되며, 믿을 수 있는 단체나 전문가를 만날 수 있다.

4.5 사기성(스캠) ICO 확인방법

스캠(Scam)이라는 용어에 대해서 알아보자.

스캠(Scam)이라는 용어가 이제는 익숙해서 당연하듯이 쓰는데 코인투자를 하지 않는 분들은 모르는 경우도 있다. 스캠(Scam)은 여러 가지 의미가 있지만 보통 사람을 속이고 사기행각을 벌이는 행위를 이야기한다.

완벽하게 스캠을 피할 수 있는 방법은 없다. 정말 제대로 작정하고 몇 년을 치밀하게 준비해서 모두를 속일 수도 있다. 스캠에 대한 기준은 사람마다 다르다.

먹튀(돈을 받고 도망치는 것)를 스캠이라고 이야기하는 사람도 있고, 프로젝트를 로드맵대로 진행하지 않는 경우 스캠이라고 하는 사람도 있고, 조금의 의심스러운 부분만 있어도 스캠이라고 하는 사람도 있다.

암호화폐 ICO 판단 기준(스캠 가려내기)

첫 번째는 ICO 컨셉이다.

이 ICO가 어떤 것을 하려고 하는지 아는 것이 제일 중요하다. 많은 사람들이 이것이 어떤 프로젝트를 하려고 하는지 모르는 상태에서 투자를 하는 경우가 많은데, 가장 위험한 부분이다. 여러 ICO 컨셉들이 있다. 플랫폼, 기술, 데이터, 마케팅, 유통 및 물류, 부동산, 여러 서비스업 등 투자하기 전에 이 프로젝트가 어떤 것을 하려는 것인지 큰 카테고리부터 세부적인 부분까지 확인 해보아야 할 것이다. 결혼과 연애를 시작 하기전에 상대방에 대해서 많이 알아보는 것처럼 말이다.

두 번째는 경쟁자이다.

위에서 컨셉을 알아봤다면, 경쟁자가 있는지 확인해야 한다. 비슷한 컨셉의 ICO가 있는지, 코인이 있는지 알아보는 건 매우 중요하다. 이미 시장 선점한 프로젝트가 있는데 그것을 이길 수 있을지 고민도 해보아야 하며, 경쟁자가 없다면 쉽게 새로운 경쟁자가 생길 수 있을지 고민 해봐야 한다. 경쟁자와 비슷한 부분은 무엇이고 차별점과 장, 단점이 무엇인지 비교하다 보면 투자에 대한 본인만의 기준을 세우는데 도움이 될 것이다.

세 번째는 팀과 고문이다.

ICO의 컨셉과 경쟁자에 대해서 알아보고, 이 프로젝트가 정말 좋은 프로젝트라고 판단이 되었다면 팀과 고문을 살펴봐야 한다.(링크드인, 블로그, 구글, 중국일 경우 바이두를 이용하는 것이 좋음.) 아무리 좋은 프로젝트여도 그것들 성공시킬 능력이 없는 팀이라면 투자하기 쉽지 않다. 전문적인 관련 경험이 있거나, 이미 여러 번의 성공을 한 경험이 있거나, 팀 구성이 잘 이루어져있는 경우는 당연히 안정적인 활동을 할 것이다. 그리고 고문도 그 프로젝트를 도와줄 수 있는 사람인지, 영향력이 있는 사람인지, 그 분야에 전문지식을 가지고 있는지에 대한 분석을 해봐야 한다. 단순 친분으로 얼굴만 올라가있는지도 살펴보는 것도 필요하다.

네 번째는 파트너(Partnership)와 벤처캐피탈이다.

고문이랑 파트너, 벤처캐피탈이과 연계되어있는 경우도 많다. 이 경우 고문에 대한 신뢰가 더 높아진다. 그리고 파트너는 진행 하려는 프로젝트를 도와주는 곳이나 필요한 기술, 마케팅, 법률 등의 파트너가 잘 이루어져있다면 사업 성공을 하는데 안정적일 요소로서 작용할 것이다.

그리고 벤처캐피탈들에게 투자를 받았다면 전문적인 투자 업체가 가치를 본 것이니 판단 지표로 생각할 수 있다. 유명 벤처캐피탈이 투자할 수록 좋은 이유는 금액적인 부분도 그렇지만, 성공시키기 위해서 많은 것들을 도와주기 때문이다. 그렇다 하여 밴처캐피탈의 투자 성공률도 100%는 아니기 때문에 맹신해서는 안되겠다.

다섯 번째는 토큰 메트릭스이다.

토큰 메트릭스는 하드캡(ICO로 판매하는 토큰의 총 가격), 시총(전체 토큰의 총 가격), 토큰 총 발행량, 단계별 보너스 비율, 프라이빗과 팀, 고문 물량의 락(일정 기간 동안 거래를 못 하게하는 것) 여부, 토큰 개당 가격 등 매우 다양하다.

하드캡은 원래 낮은 것이 좋다고 대부분 말한다. 왜냐하면 그만큼 물량이 없기 때문에 유한성의 성격으로 사람들이 구하고 싶어 할 때 원하는 만큼 구하기 힘들어지면 가격이 상승할 확률이 높아지기 때문이다. 희소성까지는 아니지만 그런 비슷한 가치가 형성되는 것이다.

시총과 토큰 총 발행량도 비슷한 성격이다. 그러나 반드시 시총이 낮은게 좋은 것인지는 생각 해봐야 한다. 왜냐하면 사업 규모가 작은 것은 당연히 하드캡이 작을 것이며, 사업 규모가 큰 것은 하드캡이 당연히 클것이기 때문이다. 그래서 사업 규모 대비 하드캡이 어떤지를 고려해봐야지 단순히 금액만 비교하면 안 된다. 사업 규모가 작은데 하드캡이 크다면 투자에 대한 고민을 해봐야하는 것이 맞다. 그리고 대형 거래소 상장을 원한다면 하드캡이 클 수 밖에 없다. 인지도 있는 거래소들에 상장이 되려면 20억~50억의 상장 수수료를 지급해야 된다는 정보도 있으니 판단을 잘 해보아야 한다. 단계별 보너스 비율이나 프라이빗과 팀, 고문 물량이 락인지 알아보는 건 상장 당시 덤핑이 일어날 수 있기 때문에 반드시 살펴봐야 한다.

만약 100만원을 투자했을 때 프라이빗 보너스 비율이 100%였다면 상장하자마자 200만원이 되는데, 보너스를 받지 못한 사람은 100만원으로 시작한다. 프라이빗에 참여한 사람이 계속 매도한다면 가격은 어떻게 될까? 프라이빗 참여자는 이득이지만, 그렇지 못한 사람은 반토막 이상의 피해를 입게 되는 경우가 있어서 높은 보너스 비율은 특히 조심해야 한다. 그리고 보너스 비율이 높더라도 락이 길거나, 기관의 물량은 락이 있으나 개인의 물량은 락이 없다면, 덤핑 가능성이 줄어들기 때문에 긍정적인 요소로 참고해 볼 수 도 있다.

ICO의 컨셉, 경쟁자, 팀과 고문, 파트너와 밴처캐피탈, 토큰 메트릭스 등에 대해서 왜 살펴봐야 되는지 알아보았다.

컨셉을 알고 경쟁자에 대해 고민해보고, 이 프로젝트를 성공 시킬 수 있는 팀과 고문인지 확인해보며, 파트너와 밴처캐피탈이 있어서 성공에 도움이 되는지, 토큰 메트릭스가 잘 구성되어있는지 등에 대한 판단을 해보면 조금 더 성공적인 투자에 근접할 것이라고 생각한다. 물론, 항상 ICO는 "하이 리크스, 하이 리턴"이라는 점을 염두에 두고 투자해야 할 것이다.

여섯 번째는 대형 거래소, 상장가격에 대한 언급이다.

카카오톡과 여러 텔레방에서 이런 저런 코인들에 대한 정보에 대해서 알아봐달라고 하시는 분들이 많이 있다. 듣지도 보지도 못했던 코인들도 있는데 내용을 보면 대형 거래소 바이낸스, 빗썸, 업비트 상장 예정, 현재 100원에 프리세일 중. 상장가격 1,000원 예정.

이런식의 글이 보이면 일단 99%스캠이라는 가정하에 접근하면 된다. 몇 개의 거래소 말고, 특히 바이낸스, 빗썸, 업비트 등의 대형거래소는 상장 전에 그러한 소문이 퍼지면 거래소 상장이 무산될 수도 있기 때문에 절대 공개하지 않는다. 모르는 사람들과 개미들의 심리를 자극하여 혹할 수 있는 조건으로 사람을 모으는 것이다.

Initial Exchange Offering으로 거래소 상장 직전에 일정한 자격조건을 갖추고 거래소를 통해 토큰을 판매하는 것. 최소 기능을 갖춘 제품(MVP, Minimal Visible Product)을 구현한 경우에만 15억 규모 이상의 토큰 판매를 할 수 있게 제한한다.

IEO는 최근 ICO의 대안으로 떠올랐다. ICO는 해당 토큰의 상장 여부가 불명확하지만 IEO는 거래소를 통해 판매가 보장된다. 이 때문에 한 번 검증을 거친다는 점에서 투자자가 보다 신뢰할 수 있다는 장점이 있다.

지금을 트렌드는 토큰을 발행하고 프라이빗으로 최소 자금을 모집한 다음 국내에는 코박 이나 토큰뱅크에서 글로벌은 플래티움, 일본은 PATRON에서 약 5억~10억 정도의 소규모 토큰세일을 한 후 거래소에서 IEO 이후 바로 상장하는 순서를 채택하고 있다.

암호화폐 재테크에서 주목해야 할 것은 STO이다. 업계에서는 ICO를 이를 블록체인의 트렌드로 단연 STO를 꼽는다.

STO란 쉽게 말하면 블록체인 버전의 주식투자다. 지금 STO는 자본시장법을 따라야한다. 결국, STO 생태계를 제대로 파헤치기 위해선 자본 시장 생태계를 먼저 이해할 필요가 있다.

ICO 시장에서는 사업성 있는 법인을 발굴하고 투자를 중개하는 투자회사들이 많이 존재하지만 금융투자회사처럼 고객의 계좌와 자산을 관리해주는 역할까지는 하지 않는다. 암호화폐 투자회사는 투자자와 ICO법인을 연결시키며 법인을 엑셀러레이팅 하거나 마케팅을 통하여 투자자의 이익을 극대화하기 위해 노력한다. 하지만 투자자 보호와 관련해 어떠한 책임도 요구할 근거가 없다는 것이 문제다. 국내외 투자 네트워크를 많이 확보한 암호화폐 투자회사들에게 경쟁력 있는 ICO법인이 몰리는 것은 당연한 현상처럼 보이지만, 이것은 반대로 ICO 시장이 그들만의 리그로 전락할 가능성이 있다고 말할 수 있다.

코인을 발행한 ICO법인은 사실상 화폐를 찍고 사전에 판매해서 투자금을 이미 받았기 때문에 손해를 볼 것이 없다. 팀원이나 어드바이저로 활동한 사람들도 돈을 주고 코인을 사지 않았기 때문에 상장 이후 아무리 가격이 내려가도 손해볼 것이 없다. 투자자와 ICO법인을 연결해 투자유치를 대행하거나 마케팅 활동을 한 투자회사는 일하는 값도 받고 보상으로 코인도 받는다. 이 역시 손해볼 것이 없다.

암호화폐 거래소의 경우 ICO법인에서 만든 암호화폐를 상장할 때 일정 부분 상장수수료를 받고 암호화폐가 상장되어 거래되면 거래수수료도 받는다. 코인가격이 떨어져도 상관없이 거래 수수료를 받는다. 참으로 이상한 일이다. ICO법인, 코인투자회사, 코인거래소 어디도 손해를 보는 자가 없는 구조이다. 그렇다. 손해를 보는 자는 최초에 현금을 주고 코인을 매입하였던 투자자뿐이다.

코인거래소에 상장시켜 코인 가격이 오르려면 모두가 이익을 본다. 하지만 코인 가격이 하락하면 최초 투자자만 손해를 본다. 조금 더 상세하게 본다면 최초에 Private Sale에 투자한 사람은 그나마 덜 손해를 보지만, Public Sale에 참여했던 투자자만이 손해보는 구조였다. 그러나 STO는 다르다. 부동산이나 미술품, 채권 등을 토큰과 연동해 주식처럼 배당과 이자, 의결권, 지분 등을 부여하는 방식이다. ICO처럼 백서로만 사업성을 판단, 투자하는 것이 아니라 실물 자산을 연동하기 때문에 투자 안정성이 높다.

해외에서 STO가 주목 받는 사이 국내 블록체인 업계는 그저 바라만 보고 있다. ICO에서 문제가 됐던 투자자보호와 책임이 보완됐지만 여전히 법적인 문제가 해결되지 않아서다. ICO를 금지한다는 공식 입장도 없고 암호화폐에 대한 명확한 규정이 없는 상황에서 STO를 적용하기는 어렵다.

블록체인과 암호화폐 시장이 STO로 전환하는 생태계를 형성하고 있다. 하지만 아직 한국은 여전히 규제와 가이드라인이 없어 STO 생태계에서도 주변국에 머무를 수밖에 없는 상황이다. 블록체인학회나 블록체인법학회 등 관련 학회나 협회에서 많은 세미나 또는 포럼에서 정부에 요청 하고 있지만 아직까지 시원한 해답이 없는 것이 아쉬운 일이다.

4차 산업혁명의 기반 기술로 꼽히는 블록체인 산업이지만 지금이라도 재도약을 위해 정부의 정책적 결단이 필요한 시점이다.

제 5장.

블록체인
미래를 읽는 기술

블록체인은 미래의 가장 유망한 신기술 중 하나이다. 가상 화폐에 대한 하드웨어 지갑을 가능하게 해주는데, 비트코인도 해당된다. 이 방식을 통해서 데이터를 투명하고 안전한 방법으로 기록하고 전송하며 정전을 해도 이상이 없으며 블록체인을 이용하는 기관들도 투명하고 민주적이며 탈 중심적으로 효과적으로 안전하도록 만든다.

블록체인은 5~10년 이내에 기존 사업을 분해해버릴 가능성이 높다. 산업군 중 몇 가지는 이미 해체가 시작되고 있으며 블록체인의 미래를 보고 읽는 기술은 아래와 같다.

은행서비스와 지불시스템

사람들은 블록체인이 은행에 미칠 효과는 인터넷이 미디어에 미칠 효과와 같다고 말한다. 블록체인 기술은 수 억 명의 사람들에게 금융 서비스를 제공해 줄 수 있다. 전 세계 모두에게 가능하고, 기존의 은행에 접근성이 없는 제 3세계 사람들도 포함된다.

비트코인과 같은 기술은 국제 송금을 거의 바로 아주 낮은 수수료에 가능하게 했다. 아브라는 비트코인을 바탕으로 하는 스타트업으로 송금 서비스를 제공한다. 많은 기업들, 바클레이 은행 역시 블록체인 기술을 시도 중이며, 그를 통해 비즈니스 운영을 좀 더 신속하고, 효과적이고 안전하게 만들려고 한다. 또한 많은 은행들이 블록체인 프로젝트와 스타트업에 투자하고 있다. IBM의 예측에 따르면 은행의 15%가 지난 2019년 말에는 블록체인을 쓰고 있을 것이다.

사이버보안

블록체인 화폐지갑 방식은 공공재이면서도 데이터가 고급화 기술을 통해 확인 해독을 거친다. 이 방식은 해킹의 위험을 줄이고, 승인 없는 시스템 변경을 막는다. 블록체인은 중개인이 필요 없다. 기존의 컴퓨터 시스템보다 훨씬 효과적이다.

공급체인경영

블록체인 기술을 이용하면 거래를 영속하고, 분권화된 방식으로 기록할 수 있다. 안전하고 투명하게 감시할 수도 있다. 이 방식은 시간 지연을 줄이고 사람의 실수도 감소

시킨다. 비용과 노동력, 심지어 공급과정 곳곳에 버려지는 폐기물까지 감시할 수 있다.

이것이 시사하는 바는 우리가 정말로 제품 생산이 환경에 미치는 영향을 이해하고 조정할 수 있다는 것이다. 또한 블록체인은 진품이나 페어 트레이드 상품을 확인시켜 줄 수 있다.

원산지의 출처를 따라가는 방식으로 이 분야에 속하는 블록체인 스타트업은 "Providence", "Fluent", "SKU Chain", "Block Verify" 등이 있다.

예측시스템

블록체인은 리서치 과정 전 방면에 큰 변화를 가져올 것이다. 컨설팅, 분석, 기상 예측 등이 영향을 받는다. 온라인 플랫폼 "Auger"는 세계 분권적인 예측에 관련된 시장을 개발하는 중이다. 이러한 기술들은 탈 중심화 된 방식으로 배팅을 도와주고, 감시하는 데에 쓰일 수 있으며 스포츠부터 주식, 선거까지 가능하게 된다.

네트워킹과 사물 간 인터넷

삼성과 IBM은 블록체인 기술을 이용해서 ADapt라고 불리는 사물 간 네트워크 기기의 중심 플랫폼을 개발 중이다. 다량의 기기가 포함된 공공의 시스템을 만들어서, 중심 지점이 모든 커뮤니케이션을 다룰 필요가 없게끔 하려는 것이다. 기기들이 서로서로 커뮤니케이션을 하면서 소프트웨어 업데이트, 버그 발견, 에너지 사용량 감시 등의 일을 할 것이다.

보험

보험은 관리가 기반이며 블록체인은 새로운 방식의 담보 관리 시스템으로 블록체인을 이용하면 보험 계약서에 있는 대량의 정보들 즉, 보험인의 신분을 확인 할 수 있다. 이 과정에서 현실의 데이터와 블록체인의 스마트 계약서를 통합할 수 있다. 이 기술은 어떤 종류의 보험에도 효과적이며, "농작물 보험" 같은 실제 정보를 이용하는 보험이 포함된다. "Eternities"에서도 블록체인 프로젝트가 진행 중인데 보험 회사에 적합한 블록체인 툴을 개발 중이다.

개인 운송 및 카풀

블록체인 기술은 개인과 개인이 탈 중심화된 카풀앱을 통해 차주와 이용자가 계약사항을 안전한 방식으로 제3자의 개입 없이 가능하도록 한다. 이 분야에 힘쓰고 있는 스타트업들은 "Arcade City"와 "LaZooz"이다. 전자 칩을 통해 이용자들이 자동으로 주차비, 고속도로 이용료, 전기 충전 등을 지불하게 한다.

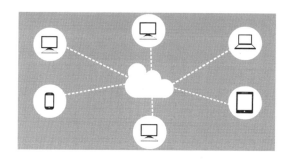

클라우드 저장

공유 서버는 그 특성상 해킹, 데이터 손실, 사람의 에러에 취약하다. 블록체인 기술은 클라우드 서비스가 더 안전하고, 공격에 잘 견딜 수 있게 만듭니다. "Storg"는 블록체인 기술을 이용하는 클라우드 저장 서비스 중 하나이다.

자선

낮은 효율성과 부정부패로 돈이 정말 필요한 사람에게 갈 수 없게 한다. 블록체인 기술을 이용해서 기부를 추적할 수 있다면 여러분의 돈이 정확하게 전달되는 걸 확인할 수 있다.

비트코인 기반 자선단체 "Bit Give"는 블록체인 보안과 장부를 투명하게 공개해서 기부자들이 기금이 제대로 잘 도착했는지 확인하도록 한다.

투표

아마도 블록체인이 해체시킬 가장 중요한 사회 영역이 투표이다. 2016 미국 대통령 선거를 포함해서 종종 부정 선거에 대한 의혹이 있었으며 블록체인 기술은 투표자 등록, 신원 확인, 전자 개표 방식을 통해 합법적인 표만 통과 시킬 것이며, 어떤 표도 바뀌거나 없어지지 않도록 공공장부를 통해 보여주며 표를 기록한다는 건 정말 거대한 발전이 아닐 수 없다.

선거를 더욱 공정하고 민주적으로 만드는 것으로 블록체인 기반 온라인 투표 시스템을 통해서 가능하다.

정부

정부 시스템은 종종 느리고, 불투명하고, 부패하기 쉽다. 블록체인 시스템 수혈을 통해서 관료주의의 문제점을 크게 줄이고, 보안과 효율성 및 정부의 투명성을 증가시킬 수 있다. 두바이의 경우, 정부 문서를 2020년까지 블록체인 시스템에 옮길 예정이다.

사회 보장 시스템

사회보장제도 또한 느린 일처리와 관료주의로 고생하는 분야 중 하나로 블록체인은 복지금 및 실직 보조금을 더욱 능숙하고 안전하게 확인, 분배할 수 있다. "Gov coin"은 영국 기반의 정부를 도와 수혜를 분배하는 회사로 블록체인 시스템을 이용하고 있다.

블록체인 시스템은 기본임금 집행에도 뛰어나며 "Circles"는 블록체인 기술을 기반으로 기본임금에 관한 프로젝트를 진행 중이다.

건강관리

구직 시스템에 의존하고 있는 또 다른 산업군 중 하나로 부정부패가 만연하다. 병원이 직면한 과제 중 하나는 데이터를 저장하고 공유할 수 있는 안전한 플랫폼이다. 여기에도 해킹의 피해자가 많은데 구형시스템 탓이다. 블록체인 기술은 병원에서 안전하게 의료 기록 같은 데이터를 저장하고 승인 받은 전문가와 환자에게만 공유하도록 한다. 이는 데이터 안정성을 높여주고 심지어 진단 속도와 정확성을 증가시킨다.

에너지 관리

에너지 관리야 말로 오랜 기간 동안 고도로 중심화된 산업분야다. 생산자와 소비자의 직거래가 불가능했고 공공 기관이나 기업 등 중재자를 거쳐야 했다. "Ethereum"형식의 블록체인 기술을 통해 에너지를 개인끼리 직접 사고 팔 수 있도록 했다.

온라인 음악

여러 블록체인 스타트업들이 뮤지션들이 팬들로부터 직접 수익을 받도록 만들고 있다. 이익의 큰 퍼센티지를 음악 플랫폼이나 회사에 빼앗기지 않도록 또한 전자 계약서를 통해 저작권 문제를 자동으로 해결한다. 각각의 뮤지션에게 적합한 카탈로그를 제공한다.

소매업

개인이 쇼핑을 할 때는 가게의 소매 시스템이나 시장을 믿는다. 하지만 탈 중심화된 블록체인 기반의 소매 산업은 다르게 작동한다. 생산자와 소비자가 직접 수수료 없이 연결되며 이 경우에는 각 주제가 스마트 계약 시스템을 통해 서로 신뢰를 보장 받으며 안전 거래와 평판 관리 시스템을 통해 가능하다. 이렇게 소매업을 분해시키고 있다.

부동산

부동산을 거래하는 데에 있어서 몇 가지 문제점들은 관료주의, 불투명성, 사기 및 실수 등이다. 블록체인을 이용한 공공 기록방식은 종이 문서 작업의 비중을 줄여서 실제로 거래가 빨리 빨리 이루어질 수 있게 한다. 또한 소유권도 조회하고 확인 할 수 있다. 문서 및 소유권 이전 절차의 정확도도 높여준다.

크라우드 펀딩

크라우드 펀딩은 최근 새로운 스타트업과 프로젝트에 대한 기금 마련의 방안을 각광받고 있다. 크라우드 펀딩 플랫폼은 프로젝트 제작자와 후원자 사이의 신뢰를 담보해주지만, 수수료가 높은 편이다. 한편 블록체인 기반 크라우드 펀딩은 스마트계약 및 온라인 평판 시스템을 이용, 신뢰 이슈를 해결하면서 중개인이 필요 없도록 만들었다.

새로운 프로젝트 제작자들이 고유 토큰 시스템을 이용해서 프로젝트를 올리면 그 토큰이 프로젝트 서비스나 돈으로 교환된다. 많은 블록체인 프로젝트들이 그런 방식으로 수백만 달러에 해당하는 토큰 수익을 올리고 있다. 아직은 초기 단계이고, 블록체인 기반 크라우드 펀딩의 법제화는 불확실하지만 큰 장래를 지니고 있는 것은 분명하다.

우리가 알고 있던 소유와 공존의 새로운 패러다임은 블록체인이다. 이는 과거, 현재, 미래 시간 속에 끊임없이 발전할 것이며 미래를 읽는 기술이자 지금도 변하고 발전하고 성장하는 또 하나의 인터넷혁명이다. 지금 이 순간에도 블록체인은 변하고 발전한다.

블록체인은 당신의 10년 후를 읽는 기술, 단언컨대 미래를 읽는 기술이다.

에필로그

블록체인의 태동부터 발전과정까지 살펴본 것처럼, 블록체인은 코인에만 한정된 것이 아니라 서비스나 상품의 바탕이 될 수도 있고, 추가적으로는 성능개선, 익명성 추가, 저장기능과 스마트 컨트렉트 기능 등 영향을 미치는 분야가 무궁무진하다.

블록체인은 이제, 스마트 계약, 투표, 은행, 보험, 콘텐츠, 부동산, 중고차, 의료, 유통, 미래직업 등에서 실질적으로 활용되어 질 것이다. 블록체인이 가지는 투명성과 불변성이라는 특징이 그것을 가능하게 해 줄 것이다.

블록체인은 4차 산업혁명의 핵심 기술로써, 블록체인을 사용하는 목적을 간략히 살펴보자.

첫째, 블록체인을 이용함으로써 어떤 가치를 다루는 복잡한 시스템을 저가로 교체하거나 혹은 신규 개발하는 것이다.

둘째, 블록체인을 복수의 조직에서 공유해 조직 간에 맞물려 있던 특정한 중앙관리 시스템을 경유하지 않는 경로로 만들어 효율화 하는 것이다. 즉, 탈중앙화이다.

셋째, 블록체인을 응용하여 업무를 자동화하여 업무비용을 절감시키는 것이다.

마지막으로 블록체인을 사용하여 직접 참가하는 형태의 새로운 서비스를 구축하는 것이다.

제2의 인터넷이라고 불러지는 블록체인은 가히 혁명이라고 할 수 있으며 소셜 미디어에서도 커다란 변화를 불러일으킬 것이다. 우리가 할 수 있는 것들은 무엇인지 고민해보고 미래를 읽는 기술을 쌓아나가야 할 것이다.

4차 산업혁명의 시대, 블록체인이야말로 사회 전반에 걸쳐서 변화와 혁신을 추구해 나갈 것으로 기대된다. 돈 탭스콧은 "인터넷이 지난 30~40년간을 지배해 온 것처럼 앞으로 블록체인 혁명이 30년 이상 지배할 것"이라고 말했다. 이처럼 블록체인이 일으킬 디스럽션(Disruption, 창조를 위한 파괴)는 어디까지일지 귀추가 주목되고 있다.

추천사

전 세계의 혁신가들이 블록체인 기술을 통해 4차 산업혁명을 완성하고 인류문명의 진보를 이루기 위해 집중하고 있다. 이 책을 읽고 많은 국민들이 블록체인을 공부하고 관심을 갖는 계기가 되길 바란다.

CO-commerce 의장, Blockchain Today 회장 **최진영**

4차 산업혁명 시대를 이끌어갈 기술 중에 가장 중요한 것이 블록체인이다. 블록체인 세계 강국 코리아를 염원하며 이 책의 일독을 권해본다.

한성대학교 교수 **주형근**

4차 산업혁명의 시대의 꽃으로 일컬어지고 있는 블록체인은 경제시스템은 물론 정부, 정치, 사회 등 많은 분야에 활용되고 있다. 이러한 시기에 이 책은 우리에게 블록체인에 대해 쉽게 알려줄 실용서가 될 것이다.

Korea CEO Summit 이사장, 블록체인서밋 마블스 회장 **박봉규**

돈 탭스콧은 '인터넷이 지난 30~40년을 지배해 온 것처럼 앞으로 블록체인 혁명이 30년 이상 지배할 것' 이라고 진단하였다. 블록체인 기술이 실용화 되고 있는 혁신의 시대에 대처할 수 있도록 해답을 제시하는 책이다.

다빈치재단 CTO, (겸)연세대 공대 교수 **최영규**

Book · Character · Goods · Advertisement · Graphic · Marketing · Brand consulting

D · J · I
BOOKS
DESIGN
STUDIO

D · J · I BOOKS DESIGN STUDIO

D·J·I BOOKS
DESIGN STUDIO

굿즈 ——————————— D·J·I BOOKS
캐릭터   DESIGN STUDIO
광고   2018
브랜딩
출판편집   J&JJ BOOKS
                     2014

                     I THINK BOOKS
                     2003

                     DIGITAL BOOKS
                     1999

facebook.com/djidesign

저자협의
인지생략

쉽게 배우는
블록체인의 미래

1판 1쇄 인쇄 2019년 3월 10일
1판 1쇄 발행 2019년 3월 15일

——

지 은 이 민문희·최재용·정주필·강진교
발 행 인 이미옥
발 행 처 디지털북스
정　　가 12,000원
등 록 일 1999년 9월 3일
등록번호 220-90-18139
주　　소 (03979) 서울 마포구 성미산로 23길 72 (연남동)
전화번호 (02)447-3157~8
팩스번호 (02)447-3159

——

ISBN 978-89-6088-249-2 (03320)
D-19-06